L A
ESPOSA
DE CRISTO

CHARLES R. SWINDOLL

EDITORIAL
Vida
DEDICADOS A LA EXCELENCIA

La misión de Editorial Vida es proporcionar los recursos necesarios a fin de alcanzar a las personas para Jesucristo y ayudarlas a crecer en su fe.

©1994 EDITORIAL VIDA
Miami, Florida

Publicado en inglés bajo el título:
The Bride
por *The Zondervan Corporation*
©1989 por *Charles R. Swindoll*

Traducción: *Carlos Alonso Vargas*

Diseño de cubierta: *John Coté*

ISBN: 0-8297-2007-3

Categoría: *Inspiración*

Impreso en Estados Unidos de América
Printed in the United States of America

Dedicatoria

Dedico el presente libro al doctor KENNETH P. MEBERG, cuya amistad, sabios consejos y profundas ideas de hace muchos años, cuando yo estaba comenzando mi trabajo en la Primera Iglesia Evangélica Libre de Fullerton, demostraron ser de enorme valor cuando fuimos creciendo y multiplicándonos.

Ahora que nuestra congregación está cosechando los frutos de todo el tiempo y energía que él invirtió, le doy gracias a Dios por todos los recuerdos de ese gran amigo.

ÍNDICE

INTRODUCCIÓN

Rrring! ¡Rrring!
(Murmullo entre dientes.)
¡Rrring! ¡Rrring!
(Murmullo entre dientes. Gruñido.)
— Eh . . . ¿sí?
— Buenos días. Son las cinco y treinta, señor Swindoll. Lo llamo para despertarlo.
Clic.

Ese pequeño episodio ha ocurrido cientos de veces en mis viajes durante los últimos treinta años de mi vida. Es un rito bien conocido para todos los que viajan.

En la mayoría de los viajes que hago, antes de apagar la lámpara de la mesita de noche junto a mi cama, tomo el teléfono y le pido a la operadora del hotel que me llame por la mañana para despertarme. Esa llamada me resulta esencial porque con frecuencia mis viajes me llevan a lugares donde la hora es diferente, y porque el día siguiente ya está lleno de citas y tareas. Aunque pongo el despertador de mi reloj de pulsera para que suene a la misma hora, a modo de garantía, siempre pido que me llamen para despertarme. Algunas veces he descubierto que puedo quedarme dormido a pesar de los veintidós leves soniditos de mi reloj, mientras que no hay manera de pasar por alto los repetidos timbrazos del teléfono, especialmente si son las cinco y media de la mañana. Ese ruido chillante e irritante es suficiente para despertar a un muerto. Es absolutamente imposible permanecer dormido después del *irrring!* . . . . *irrring!*

Lo que he hecho para mí mismo durante tres décadas en numerosas ciudades y poblaciones diferentes, es lo que espero hacer para usted en las páginas que siguen. Mi principal interés es por los que cabecean en los bancos del templo, y por algunos más de la iglesia que tal vez ya quedaron sumidos en un profundo sueño.

Los que formamos el cuerpo de Cristo en el siglo veinte estamos viviendo en unos de los años más significativos (o quizás en *los más* significativos) de la historia del cristianismo. En el ámbito internacional, las oportunidades son cada vez más numerosas y más emocionantes. El privilegio de evangelizar a los no creyentes y de difundir el mensaje de esperanza y de ánimo a los creyentes tiene mayor posibilidad que nunca. Nadie puede negar que el regreso de nuestro Señor está más cerca que nunca antes. En muchos lugares del mundo, el cristianismo va en ascenso.

Sin embargo, por extraño que parezca, hay muchos en la iglesia de Cristo que parecen haber perdido de vista los objetivos. Los valores largo tiempo acariciados se están debilitando. Pequeñas escaramuzas y mezquinas luchas internas en nuestras propias filas están quitándonos demasiada energía. En lugar de cumplir el mandato claramente definido que Dios nos ha dado, un gran número de cristianos han puesto la mira en actividades miopes y egoístas. Rápidamente se van sustituyendo las metas eternas por una satisfacción instantánea. El plan de acción que Dios ha establecido para su iglesia está quedando eclipsado por una variedad de actividades de invención humana, que abarcan desde lo espurio hasta lo escandaloso.

Si los apóstoles, que trazaron los primeros mapas para guiarnos en nuestro camino a lo largo de los inciertos mares de los siglos, y si los reformadores, que construyeron muchos de los buques en los que habíamos de viajar, regresaran de repente como el personaje de aquel cuento que llega al futuro, y vieran el apuro en que nos hallamos, creo que quedarían boquiabiertos y nos mirarían con incredulidad. Sin duda algunos de ellos se preguntarían si lo que ocurrió fue que colocamos mal el mapa, o si perdimos de vista el destino y decidimos sumergirnos y nadar en diferentes direcciones.

El presente libro, aunque breve y quizás excesivamente simplificado, es un sincero intento de mi parte por despejar la neblina y hacernos retomar el rumbo. Al hacerlo así, deliberadamente evito el abordar algunas de las actuales inquietudes sociales y religiosas que cautivan la atención del público y que con frecuencia aparecen en los titulares de los periódicos o en las salas de juicio de nuestro país. Tampoco entro en un debate sobre los diversos estilos de gobierno eclesiástico, acerca de lo cual ya se escribió suficiente. Los problemas que abordo son mucho más fundamentales y claramente definidos. Y lo mejor de todo es que mis sugerencias son realizables. Por haber estado en el pastorado durante casi tres décadas, he tenido amplias oportunidades de poner a prueba dichas sugerencias.

Esta llamada para despertar no es una serie de teorías imprácticas e idealistas, sino de elementos esenciales que son bíblicos y realistas. Pero no se engañe usted pensando que son fáciles de lograr. Cada uno de ellos exigirá una enorme dosis de disciplina, y ninguna de esas dos cosas es popular en una generación que ha preferido cerrar los ojos a sus problemas antes que abordarlos de frente. Tal vez deba yo repetir que cada respuesta que presento, cada sugerencia que ofrezco, tiene sus raíces en la Biblia, el único documento que es una fuente inefable aprobada por Dios.

De manera que, si usted está cansado de teorías que suenan piadosas pero que carecen de vigencia, si usted está preparado para reflexionar a fondo sobre asuntos clave y sobre los principios bíblicos que ellos incluyen, si usted ya está harto de sueños pasivos y metas difusas, si usted está preparado para participar en el plan de acción de Dios . . . entonces este libro es para usted. Debe entender que este libro no logrará los objetivos en lugar de usted, pero sí lo alertará a lo que hay que hacer. Es un chillido en medio de la noche, no una suave palmadita en el hombro. Tal vez no examine todos los detalles, pero por lo menos basta para sacarlo a usted del sueño y ponerlo en acción.

A mí nunca me ha interesado darle a la gente simplemente "algo en qué pensar". Me parece que ya hemos acumulado suficiente polvo mientras estamos ahí sentados, limitándonos a comentar nuestro aprieto. Lo que sí me entusiasma es el motivar a la gente con la verdad de las Escrituras, y luego observar cómo se ponen en acción. Dicho de otro modo. lo que me gusta es pasar de las palabras a los hechos.

Creo que es apropiado agradecer a Brenda Jose, directora de promociones, y a Larry Libby, mi corrector, ambos de la Editorial

Multnomah, quienes son amigos de mucho tiempo que dicen que se interesan, y luego lo demuestran de muchísimas formas año tras año. Helen Peters merece también otra andanada de aplausos. Es mi asistente ejecutiva, dactilógrafa excelente, correctora de textos, y paciente "experta en notas al pie de página"; su trabajo se acerca tanto a la perfección, que da miedo. Es admirable la dedicación con que se entrega a su tarea. Por último, mis más profundas gracias a los miembros de mi familia y a los líderes y miembros de la Primera Iglesia Evangélica Libre de Fullerton. Esas dos facetas de mi vida me han motivado a ser responsable y me han ayudado a mantenerme en contacto con mis deberes. Estoy más metido que nunca en los deberes cotidianos de la familia y de la grey. Ha sido en el diario laboratorio de esos dos mundos donde he podido convertir la teoría en realidad. Es a causa de ellos que me he mantenido alerta y activo en vez de ceder a la tentación de reclinarme en mi sillón, bostezar y ponerme a soñar mientras entro en el siglo veintiuno.

Estoy convencido de que es hora de dedicarnos a lo que realmente importa. Las horas van pasando, y eso no lo podremos impedir aunque nos entretengamos en el vestíbulo desde ahora hasta el año 2000.

Hágase la idea de que ésta es su llamada para despertarlo.

Chuck Swindoll
Fullerton, California

Despiértate, despiértate, vístete de poder . . .
Despiértate como en el tiempo antiguo,
en los siglos pasados . . .
Porque yo Jehová, que agito el mar y hago rugir sus ondas,
soy tu Dios, cuyo nombre es Jehová de los ejércitos.
Y en tu boca he puesto mis palabras,
y con la sombra de mi mano te cubrí . . .
Pueblo mío eres tú.
¡Despierta, despierta, levántate!

Isaías 51:9, 15-17

Y esto, conociendo el tiempo,
que es ya hora de levantarnos del sueño;
porque ahora está más cerca de nosotros
nuestra salvación que cuando creímos.
La noche está avanzada,
y se acerca el día.
Desechemos, pues, las obras de las tinieblas,
y vistámonos las armas de la luz.

Romanos 13:11-12

CAPÍTULO 1

LA RAZÓN DE NUESTRA EXISTENCIA

Se me ha dicho que Sócrates no era considerado sabio porque supiera todas las respuestas adecuadas, sino porque sabía cómo plantear las preguntas adecuadas.

Las preguntas — las preguntas adecuadas — pueden ser penetrantes, y dar paso a respuestas reveladoras. Pueden sacar a flote móviles escondidos, y también pueden capacitarnos para enfrentar verdades que no habíamos admitido ni siquiera ante nosotros mismos.

Un libro de preguntas del doctor Gregory Stock es una de esas obras que a mí me cuesta dejar de lado. Contiene casi 275 preguntas que lo ponen a uno a pensar y lo sacan de su cascarón. Uno se encuentra incapaz de esconderse o de esquivar la incomodidad que producen estas penetrantes preguntas. ¿Desea algunos ejemplos?

- Si usted fuera a morir esta noche sin oportunidad de comunicarse con nadie, ¿qué sería lo que más lamentaría no haberle dicho a alguien? ¿Y por qué no se lo ha dicho todavía?
- Usted descubre que su maravilloso niño de un año de edad, a causa de una confusión en el hospital, no es en realidad el suyo. ¿Quisiera usted cambiar al niño, para tratar de corregir el error?
- Si usted pudiera usar un muñeco de vudú para hacerle daño a cualquier persona que usted escoja, ¿lo haría?
- Su casa, dentro de la cual está todo lo que usted posee, se

incendia. Después de salvar a sus seres queridos y a sus mascotas, a usted le queda tiempo para entrar a salvo por última vez, para rescatar un solo artículo, el que sea. ¿Cuál sería?

- Mientras estaciona su auto, ya tarde en la noche, usted raspa ligeramente el costado de un auto elegantísimo. Usted está seguro de que nadie se ha dado cuenta de lo que pasó. El daño es muy pequeño, y el seguro lo cubriría. ¿Dejaría usted un mensaje escrito para el dueño, identificándose?[1]

No hace mucho tiempo leí acerca de un tipo que de veras hizo eso, sólo que *sí* había gente mirando. Mientras ellos miraban, él sacó un pedacito de papel y escribió el siguiente mensaje:

> *Muchísimas personas que están a mi alrededor piensan que le estoy dejando a usted un mensaje con mi nombre y dirección, pero no es así.*

Dobló cuidadosamente el papel, lo colocó bajo el limpiaparabrisas del auto, les echó una sonrisa a los espectadores, y se alejó rápidamente. ¡Sinvergüenza!

Aquí hay dos más:

- Si usted se enterara de que un buen amigo suyo tiene SIDA, ¿evitaría el trato con él? ¿Y qué si se tratara de su hermano o su hermana?
- Si usted está presente en la casa de un amigo para la cena de Navidad y encuentra una cucaracha muerta en la ensalada, ¿qué haría?[2]

Algo que ocurre con las preguntas es que nos obligan a confrontar el asunto. A mí me resultó interesante ver que las últimas preguntas que se planteaban en el libro de Stock eran las que se inician con "por qué". Pero esas son las más serias, pues no se andan por las ramas y van directamente al grano.

El otro día saqué de mi estante uno de los libros de referencia más grandes que tengo en mi estudio. Mide treinta centímetros de alto, como cinco de grueso, y es muy pesado. Es mi concordancia bíblica completa que tiene una lista alfabética de todas las palabras de la Biblia. Por curiosidad abrí la sección de la letra "P" y busqué la expresión "*por qué*". Me sorprendí al encontrar que casi cinco columnas de mi concordancia, en letra menuda, estaban dedicadas exclusivamente a las preguntas que se hallan en la Biblia y que se inician con el adverbio "por qué".

He aquí una muestra al azar de algunas de ellas:

Dios le preguntó a Caín: "*¿Por qué* te has ensañado?"

Los ángeles le preguntaron a Abram: "*¿Por qué* se rió Sara?"

Moisés se preguntó: "*¿Por qué* no se consume la zarza?"

Natán, al confrontar a David, le preguntó: "*¿Por qué* has despreciado la palabra del Señor?"

Job le preguntó a Dios: "*¿Por qué* no morí al nacer?"

La pregunta que se inicia con "*por qué*" parecía ser la favorita de Jesús. Fue Él quien preguntó:

"*¿Por qué* os afanáis?"

"*¿Por qué* miras la paja que está en el ojo de tu hermano, y no echas de ver la viga que está en tu propio ojo?"

"*¿Por qué* me llamáis 'Señor, Señor', y no hacéis lo que yo digo?"

"*¿Por qué* no creéis en mí?"

Una de sus últimas palabras en la cruz fue una pregunta de "por qué": "*¿Por qué* me has desamparado?"

Los ángeles salieron al encuentro de las mujeres que se acercaban al sepulcro vacío, con la pregunta: "*¿Por qué* buscáis entre los muertos al que vive?"

La razón principal de nuestra existencia

Para descubrir la razón fundamental por la cual existe la iglesia, hay que preguntar *por qué*.

En efecto, *¿por qué* se fundó la iglesia? *¿Por qué* un edificio de la iglesia ocupa una porción de terreno en la esquina? *¿Por qué* hemos levantado paredes y un techo sobre los edificios en los que nos reunimos? *¿Por qué* echamos a andar un ministerio de música? *¿Por qué* se predican sermones? *¿Por qué* sostenemos con nuestros fondos la obra de la iglesia? *¿Por qué* enviamos misioneros por todo el mundo?

Si usted o yo hiciéramos esas preguntas el próximo domingo, escucharíamos una serie de respuestas — muchas de ellas buenas —, pero dudo que esas respuestas representen el propósito principal por el cual existe la iglesia.

He aquí algunas de las respuestas que se nos darían:

- Para llevar el evangelio a los no creyentes.
- Para tener una oportunidad regular para el culto y la instrucción.
- Para llevar esperanza a los que sufren.
- Para ser un faro de luz en la ciudad.
- Para preparar a los santos para la obra del ministerio.
- Para declarar y apoyar valores saludables (el hogar, la pureza moral y la ética, la dignidad del individuo, la vida piadosa, los matrimonios saludables, la integridad, etc.).
- Para divulgar el evangelio por todo el mundo por medio de esfuerzos misioneros.
- Para alcanzar a los jóvenes de hoy y alentarlos a hacer de Cristo el centro de sus vidas, de su elección de carrera, de sus planes para el futuro.
- Para orar.
- Para edificar a los santos.
- Para consolar a los que sufren, animar a los solitarios, dar de comer a los hambrientos, ministrar a los minusválidos; para ayudar a los ancianos, las víctimas de abusos y las personas que están confundidas.
- Para fomentar la acción y la participación en cuestiones sociales de importancia.
- Para servir de modelo de auténtica rectitud.
- Para enseñar las Escrituras con miras a una vida santa.

Cada una de esas razones es válida, sensata y valiosa, y sin duda la iglesia debe estar comprometida con todas esas actividades. Pero ninguna de ellas es absolutamente primordial. No hay nada en esa lista que enuncie el propósito fundamental de la existencia de la iglesia. Asombroso, ¿no? Durante todos estos años hemos participado en el trabajo de la iglesia, pero muy pocos saben por qué . . . quiero decir, la razón final de por qué existe la iglesia.

¿Cuál es, entonces, ese propósito principal? La respuesta la encontramos claramente enunciada en el Nuevo Testamento, en la Primera Epístola a los Corintios. Pensemos en eso como el despertador que nos hace tomar conciencia de la razón de nuestra existencia. Cuanto mejor lo comprendamos, más podremos comenzar a fijar objetivos, tanto personalmente como cristianos, cuanto comunitariamente como iglesia. El Espíritu Santo dirigió al gran apóstol Pablo para que escribiera:

*Si, pues, coméis o bebéis, o hacéis otra cosa, hacedlo todo **para la gloria de Dios** (1 Corintios 10:31).*

En los términos más sencillos, ahí tenemos la respuesta acerca de por qué existimos. El propósito principal de la iglesia es glorificar al Señor, nuestro Dios. Espero que nunca más lo olvidemos, aunque en el pasado lo hayamos hecho.

Fijémonos en la forma tan amplia como lo expresa el apóstol Pablo: "Si . . . " Y esto significa, ya sea que comamos o bebamos, que suframos o ayudemos, que sirvamos o luchemos. Las actividades son ilimitadas, pero el propósito sigue siendo el mismo.

Observe que más adelante Pablo dice: ". . . OTRA COSA." Una vez más, es tan amplio como queramos entenderlo. Cualquier cosa que uno sea personalmente — hombre o mujer; adulto, joven o niño; en cualquier país que se encuentre; en cualquier circunstancia —, la meta es la mayor gloria de Dios. ¡Despertemos a nuestra razón de ser! La actividad, así como lo que la motiva, debe estar orientada a una razón última: glorificar a nuestro Dios.

En un capítulo anterior de esa misma carta dirigida a los corintios en el siglo primero, encontramos esta pregunta penetrante:

¿O ignoráis que vuestro cuerpo es templo del Espíritu Santo, el cual está en vosotros, el cual tenéis de Dios, y que no sois vuestros? (6:19).

¿Estaba usted consciente de esta verdad? La razón que tenía Pablo para plantear una pregunta así se hace explícita en la afirmación que sigue:

Porque habéis sido comprados por precio; glorificad, pues, a Dios en vuestro cuerpo (6:20).

Ahí lo tenemos otra vez. Dios desea que lo glorifiquemos

incluso con nuestro cuerpo: por la forma en que tratamos nuestro cuerpo; en lo que ponemos dentro de él; en lo que permitimos que diga; por cuánto descanso le proveamos; por lo bien que lo mantenemos. Cualquier cosa que usted haga con su cuerpo, asegúrese de que su existencia física le dé gloria a Dios.

El capítulo quince de la epístola anterior, la carta a los romanos, incluye un par de versículos que suenan muy parecido a lo que hemos venido leyendo:

> Pero el Dios de la paciencia y de la consolación os dé entre vosotros un mismo sentir según Cristo Jesús, para que unánimes, a una voz, glorifiquéis al Dios y Padre de nuestro Señor Jesucristo (vv. 5-6).

La Biblia está *llena* de afirmaciones como ésta. Nuestro único propósito, nuestra razón fundamental para existir, es darle a Dios la máxima gloria. Las Sagradas Escrituras prácticamente vibran con el mandato: "¡Dad gloria a Dios!"

No sé por qué nos hemos quedado dormidos ante esos repetidos recordatorios. En nuestra época de personalidades frágiles y de una religión acostumbrada a los lujos y a las modas superficiales, es fácil perder el camino y llegar a imaginar que la meta principal de la iglesia es hacerse más grande, construir edificios gigantescos, duplicar nuestra asistencia cada tres años, y cosas así. Una iglesia en crecimiento se ha convertido en la envidia de las iglesias que no crecen.

Otro propósito popular es el causar una buena impresión, dar buena imagen . . . o tener sermones excelentes, ofrecer buena música, y otras cosas más . . . Entendamos que no hay nada de malo con ninguna de esas cosas, con tal que se hagan con el móvil correcto y se mantengan dentro de la perspectiva. Pero mi punto es este: *esas no son cosas primordiales*.

Para lograr que todo esto sea muy práctico, debemos plantearnos estas preguntas con mucha frecuencia: ¿Por qué estoy haciendo esto? ¿Por qué dije que sí? ¿Por qué estuve de acuerdo con eso? ¿Por qué estoy enseñando? ¿Por qué canto en el coro? ¿Por qué estoy tan metido en este grupo de adultos? ¿Por qué planeo en mi presupuesto dar esta cantidad de dinero? ¿Por qué? ¿Por qué?

¿POR QUÉ? Cuando se plantean esas preguntas, debe haber una y sólo una respuesta: *Glorificar a Dios.*

Mientras examinamos este asunto, consideremos otro pasaje, 2 Tesalonicenses 1:11,12:

> *Por lo cual asimismo oramos siempre por vosotros, para que nuestro Dios os tenga por dignos de su llamamiento, y cumpla todo propósito de bondad y toda obra de fe con su poder, para que el nombre de nuestro Señor Jesucristo sea glorificado en vosotros, y vosotros en él, por la gracia de nuestro Dios y del Señor Jesucristo.*

¿No es cierto que esta es una respuesta interesante? A medida que usted glorifica al Señor Dios, usted será glorificado en Él. Usted se dará cuenta de que esto es contagioso. Cuando uno glorifica a Dios, eso ejerce un impacto saludable sobre los demás. Ellos verán el modelo y también ellos querrán glorificar a Dios. Así lo enseñó nuestro Señor Jesús:

> *Así alumbre vuestra luz delante de los hombres, para que vean vuestras buenas obras, y glorifiquen a vuestro Padre que está en los cielos* (Mateo 5:16).

Si su vida es un ejemplo de lo que es glorificar a Dios, los demás, al ver sus buenas obras, no lo glorificarán a usted, porque sabrán que lo que usted hace es para la gloria de Dios. No soy capaz de explicar cómo es que pueden distinguir eso. Sólo sé que pueden hacerlo. Es notable cómo el orgullo puede transpirar por la carne y exhibirse, invitando a los demás a glorificar a la persona. Pero cuando se da gloria a Dios y la acción se realiza exclusivamente para su gloria, de algún modo la gente puede distinguirlo, y dirigir su gratitud y su alabanza de nuevo a Dios. Es una reacción en cadena que lleva a una hermosa expresión de adoración espontánea.

Todo esto puede parecer tan sorprendente, que uno se siente inclinado a pensar que se trata de un concepto nuevo. Pero es tan antiguo como la Biblia.

Pues bien, ¿será entonces estó algo nuevo en la historia de la iglesia? No; es tan antiguo como el *Catecismo Breve de Westminster*, redactado en 1647. ¿Se acuerda usted de la primera pregunta que los presbiterianos escoceses acostumbraban hacerles a los jóvenes que aprendían la doctrina a los pies de sus maestros?

Pregunta: ¿Cuál es la finalidad principal del hombre?

Respuesta: La finalidad principal del hombre es glorificar a Dios y alegrarse con Él por toda la eternidad.[3]

Análisis de la respuesta

Analicemos esa afirmación. Puedo escribir varias páginas sobre la gloria, pero como ese término parece abstracto y un poco indirecto, tal vez no entendamos lo que significa. Sabemos *en términos generales* lo que quiere decir, pero necesitamos ser muy específicos si tenemos la esperanza de ser modelos de eso.

Al estudiar las Escrituras descubro que la noción de gloria se usa en tres formas principales. Ante todo, la gloria se refiere a la luz, la luz de la presencia de Dios, una luz brillante y luminosa que viene del cielo. Esta expresión de la gloria de Dios aparece en Éxodo 40:34, donde leemos: ". . . la gloria de Jehová llenó el tabernáculo."

No pudiera imaginarme a cabalidad qué aspecto tenía aquello, pero debe de haber sido una luz cegadora. Por su presencia, los israelitas sabían que Dios estaba allí. También Él se les aparecía, durante su travesía por el desierto, en la forma de una nube en el día y de una gran columna de fuego por la noche. Pero cuando se terminó la construcción del tabernáculo y la presencia de Dios se posó en el lugar santísimo, esta gloria llegó en forma de una luz esplendorosa y abrasadora, llamada la "sekinah" de Dios. Tan sobrecogedora era esa luz, que el entrar de modo inapropiado al lugar donde ella estaba, significaba la muerte repentina.

Continuando con nuestro recorrido por la Biblia, encontramos un segundo uso de la noción de gloria que es igualmente significativo. En 1 Corintios 15:39-41, hallamos que hay una gloria que se refiere a una representación única o una apariencia distintiva, que se emplea con referencia a los cuerpos celestiales:

> *No toda carne es la misma carne, sino que una carne es la de los hombres, otra carne la de las bestias, otra la de los peces, y otra la de las aves. Y hay cuerpos celestiales, y cuerpos terrenales; pero una es la gloria de los celestiales, y otra la de los terrenales. Una es la gloria*

del sol, otra la gloria de la luna, y otra la gloria de las estrellas, pues una estrella es diferente de otra en gloria.

¡Qué inquietante! Hay algo en los espacios estelares que representa una clase particular de gloria. Esas estrellas, soles y planetas tienen una apariencia que revela una gloria distintiva y sobrecogedora. Pero cuando se trata de las metas de nuestra vida o del propósito de la iglesia, no estamos hablando ni acerca de una luz brillante ni acerca de la representación específica de la gloria en los cuerpos terrenales o celestiales.

Al referirnos al propósito fundamental de la iglesia, *esa* gloria significa engrandecer, enaltecer, proyectar luminosidad o esplendor sobre Otro.

Entonces, ¿qué significa que la iglesia o cada cristiano en forma individual glorifique a Dios? Significa que debemos engrandecer, exaltar y enaltecer al Señor nuestro Dios, a la vez que nos humillamos a nosotros mismos y nos sometemos a su sabiduría y su autoridad.

Esta verdad es ilustrada de un modo hermosísimo por Juan el Bautista, quien cierta vez dijo: "Es necesario que él crezca, pero que yo mengüe" (Juan 3:30). ¡Qué modelo tan maravilloso fue Juan! Juan sólo era la voz, pero exaltaba a Jesucristo como el Verbo. Juan se llamó a sí mismo una lámpara, pero para él, Jesús era la Luz. Juan era sólo un hombre, Jesús era el Mesías. Juan estuvo dispuesto a que su grupo de discípulos se disolviera para que se unieran al Señor. Todos siguieron a Jesús . . . y Juan quiso que eso ocurriera. En efecto, cuando los sacerdotes y levitas le preguntaron por su identidad, el diálogo que siguió fue revelador:

[Juan] dijo: Yo soy LA VOZ DE UNO QUE CLAMA EN EL DESIERTO: ENDEREZAD EL CAMINO DEL SEÑOR, como dijo el profeta Isaías. Y los que habían sido enviados eran de los fariseos. Y le preguntaron, y le dijeron: ¿Por qué, pues, bautizas, si tú no eres el Cristo, ni Elías, ni el profeta? Juan respondió diciendo: Yo bautizo con agua; mas en medio de vosotros está uno a quien vosotros no conocéis. Este es el que viene después de mí, el que es antes de mí, del cual yo no soy digno de desatar la correa del calzado (Juan 1:23-27).

Ni siquiera una vez buscó Juan el Bautista la gloria que sólo le pertenecía al Mesías. En sus propias palabras, él se consideraba indigno siquiera de desatar las correas de cuero de las sandalias del Mesías. Todo eso me lleva a creer algo que nunca he oído a nadie desarrollar, aun cuando está entretejido por toda la Biblia. *Esta verdad es que no puedo aceptar la gloria y al mismo tiempo darle la gloria a Dios.* No puedo esperar y disfrutar la gloria si resuelvo al mismo tiempo darle la gloria a Él. Glorificar a Dios significa ocuparme de sus caminos y comprometerme con ellos, en vez de preocuparme y empecinarme en seguir mi propio camino. Significa estar tan entusiasmados con Él, tan dedicados a Él, tan comprometidos con Él, que no podamos decir que ya tuvimos suficiente de Él.

Isaías 55 es un capítulo maravilloso de las Escrituras. No está dirigido a personas que se contentan con un sorbito, con una pequeña prueba de Dios. Es una invitación a los que tienen sed de Él . . . que están listos para tragarse todo lo que Dios les dé. Por eso el profeta comienza con un llamamiento:

> *A todos los sedientos: Venid a las aguas; y los que no tienen dinero, venid, comprad y comed.* (v. 1)

Debemos entender que el profeta no está refiriéndose al agua ni al dinero en sentido literal. Se trata de un hermoso trozo de poesía hebrea, así que no hay que tomarlo al pie de la letra sino que debemos leerlo con corazón de poeta.

> *Venid, comprad sin dinero y sin precio,*
> *vino y leche.*
> *¿Por qué gastáis el dinero en lo que no es pan,*
> *y vuestro trabajo en lo que no satisface?*

(Aquí aparece otra pregunta con el adverbio "¿por qué?" que valdría la pena analizar.)

> *Oídme atentamente y comed del bien,*
> *y vuestra alma se deleitará de manjares.*

Ahora, por favor, lea con cuidado estos cuatro versículos:

> *Buscad a Jehová mientras puede ser hallado,*
> *llamadle en tanto que está cercano.*

Deje el impío su camino,
y el hombre inicuo sus pensamientos,
y vuélvase a Jehová,
el cual tendrá de él misericordia,
y al Dios nuestro,
el cual será amplio en perdonar.
Porque mis pensamientos no son vuestros pensamientos,
ni vuestros caminos son mis caminos,
dijo Jehová.
Como son más altos los cielos que la tierra,
así son mis caminos más altos que vuestros caminos,
y mis pensamientos más que vuestros pensamientos.

Isaías 55:6-9

¿Es posible dirigir una "empresa eclesiástica" que atraiga al público y congregue a una multitud y logre que la gente siga viniendo? Me dan ganas de gritar que sí es posible porque podemos hacer todas las cosas superficiales que en el sistema del mundo funcionan, y obtener los mismos resultados: ¡haremos que la gente llegue de todas partes! Si no me lo cree, quizás no haya visto algunos de los programas religiosos que se presentan en la televisión estadounidense y que siguen ese estilo, la mayoría de los cuales tienen un gran público. Basta con mirarlos y preguntarse: "¿Quién se está llevando la gloria en ese ministerio?" Es que si ministramos a nuestro modo, no será para la gloria de Dios, porque (como acabamos de leer) nuestros caminos no son los suyos. Sus caminos son mucho más altos, puros y extrañamente invisibles, tanto que cuando por fin decidimos dirigir una iglesia al modo de Dios, el mundo se enderezará y lo notará. El contraste repentino, la singularidad de lo que hacemos, los dejará atónitos. La sobrecogedora gloria de Dios será todo el atractivo que se necesita para crear un interés por las cosas espirituales.

En el Salmo 145 (vv. 1-7), David escribe al respecto en términos un poco diferentes. Trate de imaginarse una congregación comprometida con este tipo de culto, donde el exaltar al Dios viviente es, literalmente, el mayor deleite que tienen las personas. David escribe:

Te exaltaré, mi Dios, mi Rey,
y bendeciré tu nombre
eternamente y para siempre.
Cada día te bendeciré,
y alabaré tu nombre eternamente y para siempre.
Grande es Jehová, y digno de suprema alabanza;
y su grandeza es inescrutable.
Generación a generación celebrará tus obras,
y anunciará tus poderosos hechos.
En la hermosura de la gloria de tu magnificencia,
y en tus hechos maravillosos meditaré.
Del poder de tus hechos estupendos
hablarán los hombres,
y yo publicaré tu grandeza.
Proclamarán la memoria de tu inmensa bondad,
y cantarán tu justicia.

Estas son las palabras de un hombre que entendía de veras lo que significaba darle la gloria a Dios. ¡Ojalá todos los ministros de Dios estuvieran hechos del mismo molde!

En el Salmo 86 (vv. 1-10), las cosas no andaban tan bien para David. Parece como si a su vida le hubieran quitado los cimientos. En este salmo, él está en el fondo mirando hacia arriba. Se trata del mismo hombre dirigiéndose al mismo Dios, pero la aflicción y la tribulación han entrado en escena. Sin embargo, este antiguo canto está escrito en el mismo espíritu de alabanza. Las circunstancias no le hicieron cambiar de estilo.

Inclina, oh Jehová, tu oído, y escúchame,
porque estoy afligido y menesteroso.
Guarda mi alma, porque soy piadoso;
salva tú, oh Dios mío, a tu siervo que en ti confía.
Ten misericordia de mí, oh Jehová;
porque a ti clamo todo el día.
Alegra el alma de tu siervo,
porque a ti, oh Señor, levanto mi alma.
Porque tú, oh Señor, eres bueno y perdonador,
y grande en misericordia
para con todos los que te invocan.

Escucha, oh Jehová, mi oración;
y está atento a la voz de mis ruegos.
En el día de la angustia te llamaré,
porque tú me respondes.
Oh Señor, ninguno hay como tú entre los dioses,
ni obras que igualen tus obras.
Todas las naciones que hiciste vendrán y adorarán
delante de ti, Señor,
y glorificarán tu nombre.
Porque tú eres grande, y hacedor de maravillas;
sólo tú eres Dios.

Me impresiona la coherencia del salmista. Ya fueran días de deleite (Salmo 145) o días de aflicción (Salmo 86), la gloria se dirigía al Señor, su Dios. ¿No cree usted que son dignas de ser apreciadas esas palabras finales: "Sólo tú eres Dios"?

¿Cómo se aplica todo esto?

Quisiera dedicar lo que resta de este primer capítulo a analizar la importancia de glorificar a Dios a nivel personal. Todo esto pudiera aplicarse a la iglesia en general, pero lograremos captar mejor el concepto si estudiamos su importancia en nuestra vida como cristianos individuales. Cuando por fin nos despertamos a la razón de ser de nuestra existencia, llegamos a percatarnos de que el glorificar a Dios se aplica a todos los detalles de nuestra vida. Comencemos con los "cuandos" de la vida.

Cuando me siento incierto, glorifico a Dios buscando su voluntad y luego esperando su guía. Cuando necesito tomar una decisión, descanso en su Palabra para recibir dirección, y en su Espíritu para recibir fortaleza. ¿Desea algunos ejemplos en que debemos tomar decisiones? Al escoger un empleo, al buscar un lugar donde vivir, al determinar qué auto adquirir, o aun cuando deseo concentrarme en una meta que deseo lograr. Acerca de cada una de esas cosas tomo decisiones buscando únicamente la gloria de Dios. ¿Y qué tal en estas otras circunstancias? Cuando me asaltan la aflicción y el sufrimiento. O cuando se trata de seguir una carrera. Todo es para su gloria, no para la mía. Lo mismo se aplica a la institución educativa a la que asista, a los cursos que tome, al título que busque, a la carrera que en última instancia siga. Cuando cualquier asunto aflora o exige una reacción de mi parte, la gloria de Dios debe estar integrada en mi actitud, entretejida en mi respuesta. Cuando estoy pensando y planeando. Cuando gano o pierdo. Cuando debo abandonar un sueño o cuando comprendo que es mejor alejarme sin luchar por mis derechos y estoy dispuesto a rendirme.

Si nos preguntamos "¿por qué?", otra vez tenemos la misma respuesta: *para la gloria de Dios.*

A continuación, apliquemos el dar la gloria a Dios a los "en" de la vida. En lo que hago en mi vida pública o en mis asuntos privados, debo buscar la gloria de Dios. En las relaciones personales que me agradan o que me desafían, todas deben ser para su gloria. En mi hogar, en mi trabajo, en mis estudios, en los viajes así como en la soledad cuando ocupo un sitio pequeño, monótono o poco visible. En mis investigaciones, mis estudios, mis tareas académicas, mi preparación para los exámenes, y en la realización de esos exámenes, en mi graduación, en la práctica de una profesión . . . todo debo hacerlo para su gloria. En la fama y la fortuna, la aprobación y aprecio del público, así como en los días en que todo eso se desvanece, todo es, repito, *para su gloria.*

Avancemos un paso más en la vida que da la gloria a Dios, para incluir todos los "si" de la vida. Si la persona a quien amo se queda o no se queda, Dios recibe la gloria. Si una causa que yo apoyo cautiva el corazón de los demás o se viene abajo en llamas, Dios recibe la gloria. Si los planes que yo dispongo triunfan o fracasan o deben alterarse, me concentro en que Dios sea glorificado, sea cual sea el resultado. Si la iglesia en la que participo crece o deja de crecer, la gloria es para Dios. Si, siendo pastor, eso significa que yo me vaya para dejar espacio a la persona adecuada, la gloria es de Dios. Si significa que debo quedarme a pesar de las contradicciones, la gloria es de Dios.

¿Cuál debe ser entonces el tema permanente de mi vida? Sin duda debe ser: "A Dios sea la gloria por todo lo que ha hecho por mí."[4]

¿Cómo sucede eso?

Sé que usted sabía que por fin llegaríamos a esta pregunta que representa la parte práctica del tema, ¿verdad? La pregunta es: ¿Cómo hacemos que todo esto suceda?

Es obvio que usted no podrá lograr su propósito simplemente leyendo este capítulo una y otra vez. Eso no le ayudará, al menos no a la larga. Si estoy leyendo correctamente su pensamiento, lo que a usted le interesa es hacer personal esta verdad de un modo tan eficaz que usted finalice su vida como lo hizo Jesús, quien cuando terminaba su vida dijo: "Yo te he glorificado en la tierra" (Juan 17:4a). Jesucristo resumió toda su vida en esas siete hermosas palabras. Ahora, la pregunta que debemos hacernos es: ¿Cómo podemos nosotros hacer lo mismo?

A riesgo de simplificar demasiado las cosas, quiero hacer tres sugerencias para lograrlo. Le ruego que confíe en mí, pues son sugerencias realistas y alcanzables. ¿Cómo se da eso de glorificar a Dios?

Primero: *Cultivando el hábito de incluir al Señor Dios en todos los aspectos de la vida.*

Este debe ser un pensamiento consciente y constante, pues esa es la manera como se forman los hábitos. Creo que puede ser útil escribir la siguiente pregunta penetrante en varias tarjetitas: ¿LE ESTOY DANDO LA GLORIA A DIOS? Coloque una de esas tarjetas en el retrovisor de su auto, otra sobre su escritorio, la tercera en el espejo del baño, y otra frente al lugar donde se lavan los platos o donde se preparan los alimentos. Pregúntese constantemente: *¿Le estoy dando la gloria a Dios?* ¿Estoy glorificando a Dios por este momento?

Aprecio las palabras de cierto autor que lo expresa muy bien:

> El hombre no puede servir al mismo tiempo a sí mismo y a Dios. La corrupción de la naturaleza humana produce una voluntad egoísta que vuelve al hombre en contra de Dios y glorifica la capacidad humana en vez de la gracia de Dios. El orgullo y el egoísmo son las características de la naturaleza humana que exigen salirse con la suya en todo. El primer paso para servir a Dios como él quiere que le sirvamos, por lo tanto, requiere que de un modo constante y consciente depongamos las exigencias de nuestro yo, y entreguemos nuestros deseos al Señor.[5]

Recuerdo como si fuera ayer el día que comprendí que mi cristianismo no se limitaba a los domingos. Era un estilo de vida que lo abarcaba todo. El domingo era simplemente uno de los siete días de la semana en que el cristianismo ejercía impacto sobre mí. Es posible que usted todavía tenga que dar un paso definitivo para glorificar a Dios en su trabajo o en su relación con su compañero de cuarto en la universidad, o con su cónyuge en el hogar. Lo invito a que abra todos los compartimientos y aposentos de su vida, y deje entrar la gloria de Dios. ¿Cómo sucede esto?

Segundo: *Negándose a esperar o a aceptar parte alguna de la gloria que le pertenece a Dios.*

Lea de nuevo esta declaración; pero esta vez más lentamente, más reflexivamente. Es útil recordar que la carne (su naturaleza pecadora) es muy creativa y egoísta. Imagínese que ella es como una enorme esponja, lista y deseosa de absorber toda la gloria. Nuestra carne es una gran farsante, que finge ser humilde pero al mismo tiempo le encantan las caricias. Las anhela. Es ambiciosa. Es vigorosa. Busca oportunidades para adueñarse de la gloria que le pertenece sólo a Dios. La carne no es selectiva. No le importa recibir la gloria por cosas que suenan espirituales o por actos religiosos. ¿Quién sabe cuántos sermones se habrán predicado en la carne? Por mi parte lo he hecho algunas veces, lo confieso. Además, con talento para hablar en público, y escondiendo mis motivos, puedo manipular a una congregación para que haga varias cosas que yo quiero que se hagan. Y puedo adornarlo con tanta eficacia que ellos pensarán que lo están haciendo de la forma que Dios quiere y cumpliendo el propósito divino, cuando en realidad están haciendo *mi* voluntad, y soy *yo* quien recibe la gloria. Puedo, en efecto, tomar la gloria que sólo Dios merece.

Creo que existe y quiero sugerirle un camino mejor: que no esperemos ni aceptemos ya parte alguna de la gloria que le pertenece a Dios. ¡La gloria de Dios es sólo de Él, así que asegurémonos de que a partir de ahora la reciba toda! Una vez más debemos preguntarnos de qué otra forma puede suceder esto. La respuesta aparece en el siguiente principio.

Tercero: *Manteniendo con Dios una relación prioritaria, que sea más importante que ninguna otra sobre la tierra.*

Usted puede estar más cerca de su hijito que de Dios. Usted

puede pasar más tiempo con su esposa o su esposo de lo que jamás ha pasado con Dios. Tal vez usted se interese más por la seguridad y felicidad futura de su familia, y por el bienestar último de ésta, que por la voluntad de Dios en su vida personal. No hay nada de malo en amar a la familia o en planificar el futuro, pero si su deseo sincero es glorificar a Dios, entonces debo recordarle que Él espera que usted tenga con Él una relación prioritaria. Lo mismo puede decirse de cualquier otra relación terrenal que se ha vuelto tan fuerte que llega a competir con su relación con Dios. Si entiendo correctamente las enseñanzas de Jesús acerca de la relación con Él, lo que Él nos dice es que la relación con el Dios vivo es tan importante que nada puede anteponérsele. Nada.

La negación de uno mismo es tarea difícil e idealmente la aprendemos en casa. Hace un tiempo terminé de leer la biografía clásica que escribió Douglas Southall Freeman sobre el famoso general sureño en la Guerra Civil estadounidense, Robert E. Lee. El libro se llama sencillamente *Lee*. Hacia el final del libro aparece este elocuente párrafo:

> De la humildad y la sumisión nació un espíritu de abnegación que lo preparó para las penurias de la guerra y, aún más, para el oscuro desamparo, la contraparte espiritual del dominio propio social que su madre le había inculcado en los días de su niñez, y fue aumentando en poder a lo largo de su vida . . . Una madre joven le trajo un bebé para que lo bendijera. Él tomó en brazos al niño, lo miró a él y luego a la madre, y dijo lentamente: "Enséñele a negarse a sí mismo."[6]

Volvamos a esta frase que describe el lema de Juan el Bautista: "Es necesario que él crezca, pero que yo mengüe." Todo debe ser para su gloria, no para la mía. En vez de correr adelante para hacer las cosas a mi manera, él debe ir en primer lugar. Yo debo disminuir, él debe ser enaltecido. Para su gloria, yo debo aceptar cualquier puesto que él me asigne. Yo soy el siervo, él es el Señor. Por cierto, este no es un mensaje que a la gente le guste, pero sin duda necesita ser proclamado a los cuatro vientos.

Me parece que tal vez sea útil concluir este primer capítulo con un plan de acción de tres fases, para lograr que todo esto se haga realidad.

En primer lugar, para ayudar a cultivar el hábito de incluir al Señor Dios en todos los aspectos de su vida, *reúnase con Él a solas con frecuencia.*

No tengo reparo en confesar que es fácil fallar en este campo. Vivimos en tiempos de apuros. Nuestro mundo va a paso rápido. No nos resulta natural pensar en reunirnos con Dios a solas y con frecuencia; por lo general hay alguna otra cosa que nos roba el tiempo y la atención. No obstante, sigo sugiriendo que lo hay a solas. Tal vez no sean dos horas seguidas. Pocos de nosotros tenemos en una semana tanto tiempo disponible, y más difícilmente todavía es tener ese tiempo en un solo día. Tal vez usted sólo tenga quince minutos, y quizás sólo sea mientras se traslada hacia el trabajo. Para ser muy francos, tal vez tenga usted que contentarse con el tiempo que demora en el baño. Donde sea, encuentre algún lugar donde pueda encerrarse para su reunión a solas con Dios. Tal vez tenga que levantarse un poquito más temprano, o puede ser que el mejor momento sea cuando la vida se tranquiliza y el polvo se despeja al final de su día, o muy tarde en la noche. Apague la televisión y el radio, y luego, en absoluto silencio, háblele a Él acerca de ese hábito de incluirlo a Él en todos los aspectos de su mundo. Desglose las categorías de su vida que usted quiere que Él invada cuando está a solas con Él.

Para que la segunda sugerencia funcione, es decir, la de negarse a esperar o aceptar parte alguna de la gloria, *admita abiertamente su lucha con el orgullo.*

Si usted tiene un grupo de cristianos ante quienes es responsable, confiese allí su tendencia a buscar la gloria. Es útil decírselo. Dígaselo a su familia. (Los miembros de la familia son muy buenos para recordarle a uno cuando esa tendencia vuelve a manifestarse. Tal vez le dirán: "Lo estás haciendo otra vez, papá.") De modo que admítalo con franqueza. Nadie puede decir que ha resuelto a cabalidad la cuestión del orgullo, hasta que por primera vez admita: "Tengo un problema con eso."

Para lograr la tercera sugerencia — la de mantener una relación prioritaria con Dios —, *haga pasar todo por el filtro de la misma pregunta: ¿Eso le dará la gloria a Dios, o a mí? En su mente, hágase esa pregunta con regularidad.* Evidentemente el hacerse la pregunta implica que uno la va a contestar con honradez. Ahora bien, en este punto tengo una buena noticia y una mala noticia. Como sé que la mayoría de nosotros preferimos escuchar primero la mala noticia, aquí va: ¡Usted puede *fingir que está dando la gloria a Dios!* En efecto, usted puede funcionar detrás de una máscara invisible y falsificar esta cosa que se llama darle la gloria a Dios. La mayoría de las personas que conozco pueden recordar alguna ocasión en que lo fingieron. ¡Al menos yo sí puedo recordarlo! Podemos parecer muy piadosos. Podemos sonar muy humildes.

Escribe el autor Eugene Peterson:

> Anne Tyler . . . narró la historia de un hombre de Baltimore, de mediana edad, que intervenía en la vida de las personas con asombroso aplomo y talento para asumir papeles y satisfacer expectativas. La novela comienza cuando ese hombre, llamado Morgan, está mirando una función de títeres en el jardín de una iglesia, un domingo por la tarde. Cuando la función ya lleva algunos minutos, desde detrás del teatro sale un hombre que pregunta: "¿Hay algún médico aquí?" Tras treinta o cuarenta segundos de silencio entre el público, Morgan se pone de pie, se acerca lento pero decidido al joven, y pregunta: "¿Qué es lo que pasa?" La esposa del titiritero está embarazada, y ha comenzado a dar a luz; el bebé ya va a nacer. Morgan mete a la joven pareja en la parte de atrás de su camioneta, y emprende el camino hacia el famoso Hospital Johns Hopkins.
>
> Cuando van a medio camino, el esposo grita: "¡El bebé está naciendo!" Morgan, tranquilo y seguro de sí, se acerca a la acera, manda al futuro padre a la esquina a comprar el periódico para usarlo en lugar de toallas y sábanas, y recibe al niño. Luego conduce el auto hasta la sala de emergencias del hospital, coloca a salvo a la madre y al bebé en una camilla, y desaparece. Cuando pasa la emoción, la pareja pregunta por el doctor Morgan. Quieren darle las gracias. Nadie ha oído hablar de

ningún doctor Morgan. Ellos están desconcertados, y también frustrados de no poder expresar su gratitud. Varios meses después, llevan al bebé a pasear en el coche y ven a Morgan que camina al otro lado de la calle. Corren a saludarlo, y le muestran al bebé tan sano que él ayudó a traer al mundo. Le cuentan cuánto se esforzaron por buscarlo, y cómo la burocracia del hospital fue incapaz de rastrearlo. Él, en un inusitado arranque de sinceridad, les confiesa que en realidad no es médico. La verdad es que él es dueño de una ferretería, pero ellos necesitaban un médico, y hacer de médico en esas circunstancias no resultaba tan difícil. Es cuestión de imagen, les dice; uno discierne lo que la gente espera, y se mete en el personaje. Uno se las puede arreglar para hacer eso en todas las profesiones honorables. Morgan ha pasado toda su vida haciendo eso: encarnando personajes de médicos, abogados, pastores y psicólogos, según se presente la oportunidad. Luego les dice confidencialmente: "Claro, yo nunca fingiría ser un plomero o un carnicero; me descubrirían en veinte segundos."[7]

Créame que, si Morgan puede traer un niño al mundo, usted puede fingir que le está dando la gloria a Dios. Le ruego que no lo haga. La cosa se volverá contra usted. No conozco nada que nos haga más vacíos y más desdichados que el desempeñar un papel falso detrás de una máscara. Aunque usted pueda fingirlo, no lo haga.

La mala noticia fue que podemos fingirlo, pero la buena noticia es que sí podemos hacerlo genuinamente. Dios no se burla de nosotros. Nunca nos pone una meta que no podamos alcanzar con su fuerza. Quiero asegurarle que usted puede glorificar a Dios, que usted *debe* glorificar a Dios. Pero tiene que resolver, muy en lo profundo de su corazón, que lo va a hacer a la manera de Dios. Eso es: a la manera *de Dios*.

Hagamos algo más que despertar a la razón de nuestra existencia. No sólo despertemos a ella, logrémosla en la fuerza de Dios y para gloria suya.

Y ahora . . . ¿qué?

1. Tome un momento para apuntar todas sus actividades y responsabilidades relacionadas con el ministerio de su iglesia local. Ahora, lo más sinceramente que pueda, entre el Señor y usted, hágase la pregunta del *por qué*: *¿Por qué* participa usted en cada uno de esos esfuerzos? ¿Cuáles son las razones más profundas? Si su reflexión en oración revela móviles menos dignos que la gloria de Dios . . . hable con Él al respecto. Busque que Dios lo purifique y lo capacite para reubicar su mira en el propósito más elevado de todos.

2. ¿Qué significa el que usted y yo aceptemos (¡o busquemos!) la gloria que legítimamente le pertenece al Señor Dios? ¿Cuáles son algunas formas sutiles en que usted puede estar haciendo precisamente eso? Sea totalmente honrado consigo mismo.

3. Recordando el modelo de Juan el Bautista, determine varias formas prácticas en que en las dos próximas semanas usted pudiera poner en práctica la verdad de la meta en la vida del precursor de Jesucristo, quien dijo: "Es necesario que él crezca, pero que yo mengüe." Si tiene oportunidad, hable de este asunto crucial con su cónyuge o con un amigo cristiano. Que los dos planteen algunas ideas, y luego pídale a esa persona que "le pida cuentas" a usted un par de veces para ver cómo va progresando en su nueva resolución de darle más gloria a Dios.

CAPÍTULO 2

NUESTROS OBJETIVOS

E l ministerio pastoral se parece al mercurio: es difícil de agarrar. Y si uno lo maneja mal, le causa daño a la gente. Debido a que el ministerio es delicado y peligroso, debiera llevar un letrero como los que se ven en las tiendas de porcelanas finas. Durante la Navidad pasada yo andaba buscando un regalo en una de esas tienda. Era un lugar elegante. Hermosos objetos de cristal, delicadas estatuillas de cristal, y un amplio surtido de porcelana importada se exhibían con excelente gusto en anaqueles de cristal muy limpios. Era una de esas tiendas impecables donde uno siente el impulso de sostener la respiración mientras avanza de un pasillo a otro. Lo que uno más teme es perturbar el delicado equilibrio de una fina figura de porcelana de la afamada marca Lladró, o chocar sin notarlo contra la esquina de un anaquel donde hay varios diseños de las finos modelos de la marca Limoges.

En diversos lugares del almacén había pequeños letreros que proclamaban mensajes como "¡Frágil!" y "Sírvase pedir que lo atiendan", e incluso decía "No tocar". Había letreros mucho más grandes que decían "TENGA LA BONDAD DE LLEVAR A LOS NIÑOS DE LA MANO". La estimable señora que estaba a cargo de aquel lugar estaba hecha un nudo de nervios. Parecía más preocupada por proteger la mercadería que por *venderla*. Cada niño que entraba, aunque fuera firmemente agarrado por su mamá, recibía una mirada feroz de aquella mujer, que fulminaba a cualquiera. Me pregunté qué habría hecho ella durante uno de los famosos sismos de 5,6 grados que a veces tenemos en California. Probablemente se quedara sin aliento. Salí de aquel lugar lo más pronto que pude.

Es raro, pero la mayoría de las personas no conciben el ministerio pastoral como algo frágil o potencialmente peligroso. Tal vez sea por eso que tantos quedan lesionados por esos hombres inescrupulosos que se abren paso a codazos en medio de la iglesia, haciendo caso omiso de los letreros y justificando su agresividad. Las repercusiones trágicas las tenemos a nuestro alrededor. Parece vergonzoso que algunos crean tener derecho de hacer lo que les da la gana tan pronto como se ven revestidos del manto del liderazgo religioso.

Mi esperanza al abordar estas cosas es incrementar nuestra conciencia de cómo Dios ha planeado que funcione su iglesia, y de lo que debemos hacer para mantenerla en su debido rumbo. Es cierto que las puertas del infierno no prevalecerán contra ella. Por supuesto que la iglesia está aquí para quedarse. Pero eso no quiere decir que podamos hacer con ella lo que queramos sin que ocurran daños. Basta con abrir los ojos y mirar a lo que nos rodea. Vaya y visite varias docenas de ministerios en diversos lugares. Escuche lo que se dice o se promueve o se permite en aquellos lugares que han olvidado su propósito primordial. Yo pregunto: ¿Es *eso* lo que Dios tuvo en mente cuando su Hijo abandonó la tierra y delegó la obra del ministerio a su grupo de seguidores? ¿Es el concepto actual que tenemos de la iglesia una representación precisa de lo que glorifica el nombre de Dios? Lo dudo, y usted también.

Diez afirmaciones acerca del ministerio

Mientras estaba investigando para escribir este libro me encontré con un libro bueno y práctico escrito por un padre y un hijo que forman un equipo en el ministerio, Warren y David Wiersbe. Le pusieron un título apropiado: *Making Sense of the Ministry* [Dándole sentido al ministerio]. En esas páginas se encuentran comentarios penetrantes que debiera leer toda persona relacionada con el ministerio. La lista que viene a continuación, y que yo he memorizado, se la debo a los Wiersbe. Hasta sugerí que nuestra congregación en Fullerton la memorizara también.

Lo que tenemos aquí son diez afirmaciones acerca del ministerio, que son esenciales y sin embargo fácilmente se olvidan; y cuando se olvidan, las cosas comienzan a trastornarse. Léalas lenta y cuidadosamente. Imagíneselas como si fueran esos letreros que dicen "Frágil":

1. El fundamento del ministerio es el carácter.
2. La naturaleza del ministerio es el servicio.
3. El móvil del ministerio es el amor.
4. La medida del ministerio es el sacrificio.
5. La autoridad del ministerio es la sumisión.
6. El propósito del ministerio es la gloria de Dios.
7. Las herramientas del ministerio son la Palabra de Dios y la oración.
8. El privilegio del ministerio es el crecimiento.
9. El poder del ministerio es el Espíritu Santo.
10. El modelo para el ministerio es Jesucristo.[8]

Yo casi nunca hago predicciones, pero aquí va una que puedo ofrecer sin titubeos: si usted se aprende esa lista de memoria, la repasa por lo menos una vez al mes por el resto de su vida, y la aplica con regularidad, tendrá pocas dificultades en mantenerse en línea. Descubrirá que muchas de las cosas por las que una vez se preocupaba o en las que participaba excesivamente (dejando de lado las cosas esenciales que merecían su tiempo y su atención) se van desvaneciendo silenciosamente. También percibirá una renovación de la confianza en su vida, mientras va regresando a las cosas que realmente importan en el ministerio. En efecto, usted puede encontrarse asombrado por lo breves y sencillos que son los objetivos principales del ministerio. ¡La cosa se vuelve emocionante! Usted sentirá que recobra el entusiasmo al aliviár-sele la carga. Tal vez hasta recupere la emoción. Y eso está bien, pues un poco de entusiasmo nos ayudaría a casi todos. Concuerdo con el difunto Obispo Handley Moule, quien dijo una vez: "Prefiero tratar de calmar a un fanático que tratar de entusiasmar a un cadáver."[9]

Cuatro objetivos principales como iglesia

A riesgo de simplificar demasiado, sugiero que hay no menos de cuatro objetivos principales cuando se trata del ministerio de la iglesia. Cualquier cosa que hagamos debiera encajar dentro de los parámetros de esos objetivos. Yo los encuentro entretejidos en las líneas de lo que escribió Lucas hacia el final del capítulo segundo de Hechos (vv. 41-47):

> Así que, los que recibieron su palabra fueron bautizados; y se añadieron aquel día como tres mil personas. Y perseveraban en la doctrina de los apóstoles, en la comunión unos con otros, en el partimiento del pan y en las oraciones. Y sobrevino temor a toda persona; y muchas maravillas y señales eran hechas por los apóstoles. Todos los que habían creído estaban juntos, y tenían en común todas las cosas; y vendían sus propiedades y sus bienes, y lo repartían a todos según la necesidad de cada uno. Y perseverando unánimes cada día en el templo, y partiendo el pan en las casas, comían juntos con alegría y sencillez de corazón, alabando a Dios, y teniendo favor con todo el pueblo. Y el Señor añadía cada día a la iglesia los que habían de ser salvos (Hechos 2:41-47).

Hace años, cuando nuestros niños eran pequeños, nos suscribimos a una revista mensual para niños. Invariablemente, apenas llegaba la revista, nos sentábamos en el piso y buscábamos la página que tenía un dibujo con diez o doce "figuras escondidas" dentro del cuadro grande. Los niños y yo pasábamos casi una hora ubicando todas las pequeñas figuras que estaban escondidas dentro de la escena mayor.

Cuando leo ese relato de Hechos 2, encuentro los cuatro grandes objetivos de la iglesia escondidos dentro del cuadro más grande. Y hablando del cuadro grande, es útil comprender que éste es el momento más primitivo de la historia de la iglesia que está registrado. En realidad es el pasaje de referencia primaria, puesto que el lugar de nacimiento de la iglesia se establece en Hechos 2. El Espíritu Santo ha descendido sobre los que se hallan en el aposento alto (Hechos 2:1-4), dándoles a aquellos hombres que antes estaban asustados y tímidos gran audacia para declarar las palabras de vida a la gente que está en las calles de Jerusalén (vv. 5-13). Después de eso Pedro se puso de pie y anunció el evangelio, en un sermón breve pero potente (vv. 14-36) que dio como resultado la conversión de unas tres mil personas (vv. 37-41). Ese es el gran cuadro que sirve de fondo a las palabras que estamos considerando.

Había ahí miles de nuevos creyentes que no tenían edificio donde reunirse, no tenían pastor, no tenían sentido de dirección, no sabían nada de la vida cristiana, no tenían una constitución eclesiástica, no tenían un conjunto de credos, carecían de una comprensión de la presencia o el poder del Espíritu, tenían una Biblia incompleta . . . ¡no tenían nada! Pero ellos constituyeron el conjunto de miembros fundadores de la iglesia. Partiendo de ese cuerpo original de tres mil almas, la llama siguió difundiéndose por todo el mundo. Y de ese relato original acerca de las actividades de estas personas y sus formas de participación, podemos desprender el conjunto de objetivos de la vida de la iglesia más primitivo (y por lo tanto el más puro). Son cuatro:

Culto
Instrucción
Comunión fraternal
Proyección

Los cuatro saltan a la vista cuando leemos el versículo 42. Y luego, al terminar el capítulo (vv. 43-47), se dan ejemplos de cada uno de ellos. Esos objetivos principales siguen siendo vigentes, siguen constituyendo el ministerio de la iglesia. A medida que tratamos de glorificar a Dios — que es nuestro propósito primordial — nos centramos en la cuádruple meta; es decir, el culto, la instrucción, la comunión fraternal y la proyección.

El culto

Fijémonos detenidamente en el pasaje que acabamos de leer, y encontraremos cómo sale a la superficie el cuadro escondido que he denominado el *culto*. Dice el versículo 42:

> *Y perseveraban en la doctrina de los apóstoles, en la comunión unos con otros, en el partimiento del pan y en las oraciones.*

Cuando Lucas nos dice que "perseveraban", usa un término griego que sugiere una fidelidad firme y resuelta. Esa misma palabra aparece en Hechos 1:14 y 6:4, en ambos casos con referencia a la oración. Cuando aquellos primeros santos se reunían, la intensidad y la devoción de todo corazón se mezclaban con un compromiso apasionado. Su culto no incluía ningún esfuerzo mediocre y realizado de memoria. Más bien ellos participaban con fervor.

El versículo 42 menciona también que partían el pan y que oraban juntos. El resultado inmediato fue que "sobrevino temor a toda persona" (v. 43). Se trataba de una conciencia sobrecogedora de la santa presencia de Dios. Predominaba un sano respeto y temor de Dios. ¿Acaso era todo sombrío y apagado? Nada de eso. El mismo relato nos menciona que tenían "alegría", "sencillez" (o sinceridad) de corazón, y que alababan a Dios; y todo esto generaba "favor con todo el pueblo" (v. 47). Es una escena de gozo espontáneo y de respuestas de alabanza sin restricción.

¡Qué entusiasmo! ¡Qué delicia! Se estaba dando gloria al Padre. Se estaba enalteciendo al Hijo. El Espíritu producía una fresca expresión de libertad. ¿Cree usted que puede existir algo más glorioso, o más placentero?

El Señor nuestro Dios sigue esperando que le demos culto (Juan 4:23). Él sigue aguardando la alabanza de su pueblo, la adoración esplendorosa de sus hijos. Él sigue anhelando morar en nuestros lugares de culto. Pero tristemente el culto se está convirtiendo rápidamente en un arte olvidado, en la gema perdida de esta generación apresurada y eficiente.

En muchas iglesias (¿o en la mayoría?) hay programas y actividades . . . pero muy poco culto. Hay cantos e himnos y números musicales . . . pero muy poco culto. Hay anuncios y lecturas y oraciones . . . pero muy poco culto. Las reuniones se efectúan con regularidad, pero son aburridas y rutinarias. En algunos casos las actividades se realizan exactamente como fueron planificadas, son dirigidas por personas bien intencionadas, son apoyadas por gente fiel y entregada . . . pero falta esa expectativa que lo hace a uno andar de puntillas, ese deleite que inspira reverencia mezclada con una sensación misteriosa del temor del Dios todopoderoso.

Antes de intentar contradecirme, deténgase y piense. ¿Se experimenta en su iglesia el verdadero culto? Usted personalmente, ¿se siente a menudo con deseos de llorar, o al borde del éxtasis, o tan sumido en el asombro, el amor y la alabanza que olvida momentáneamente lo que le rodea? ¿Hay de veras un sentimiento de libertad en su alma, un manantial de gratitud abrumadora en su espíritu, una intensidad en la oración que ilumina lo no esencial tan completamente que usted puede concentrarse sin tener pensamientos que lo interrumpan?

Créamelo: una vez que usted haya gustado el culto — esa clase de culto que cautiva su corazón y que concentra toda su atención en el Señor viviente — no se contentará con nada menos que eso, pues no hay nada más que pueda siquiera acercársele.

La instrucción

Mientras vamos compilando nuestra lista de objetivos inspirados, Dios nos libre de pasar por alto la columna vertebral, la *instrucción bíblica*. El relato de Hechos 2 nos asegura que los primeros cristianos "perseveraban en la doctrina de los apóstoles" (v. 42). Se los llegó a conocer como "los que habían creído" (v. 44), lo cual da a entender que existía un depósito objetivo de verdad a la que todos se suscribían. Según Hechos 4:4, la iglesia crecía porque "muchos de los que habían oído la palabra, creyeron".

Posteriormente, al multiplicarse los creyentes y a pesar que aumentaron las responsabilidades para tener cuidado de la grey en Jerusalén, los apóstoles continuaron dedicándose a "la oración y el ministerio de la palabra" (6:4). Ningún interés mezquino, ninguna necesidad apremiante, ninguna prioridad, ni siquiera las quejas dentro de la asamblea hicieron disminuir el énfasis en la instrucción bíblica. Nada hacía que los dirigentes de la iglesia primitiva abdicaran al ministerio de la Palabra.

La buena nueva de la vida, muerte y resurrección de Jesucristo era proclamada con fidelidad, tanto así que continuamente se añadían nuevos conversos a la iglesia. Pero había algo más que la presentación del evangelio. Los cristianos también se nutrían del alimento sólido y la verdad más profunda de las Escrituras. A medida que iba creciendo la iglesia con todos esos nuevos cristianos, se presentaba cada vez más la necesidad de instrucción sana tomada de la Palabra de Dios.

Sin duda ocurre lo mismo hoy. Con frecuencia, los ministros y las iglesias pierden de vista la importancia de una instrucción bíblica sólida. Se presenta el evangelio, se infunde ánimo, se auspician programas, se mantiene todo un calendario de actividades, y se ayuda a los que sufren . . . no hay nada de malo con todo eso. Pero nada de eso puede llegar a sustituir la instrucción tomada de la Biblia. Las ovejas bien alimentadas tienen una mayor tendencia a permanecer sanas. Las ovejas hambrientas y flacas son fácil presa de las sectas, para no mencionar que son incapaces de mantenerse firmes ante las numerosas batallas con los problemas de la vida.

Tal vez usted sea un ministro cuyas responsabilidades incluyen el púlpito de una iglesia. Permítame reafirmar la importancia de que usted ponga como alta prioridad su tiempo de estudio, el cultivo de sus talentos como expositor de las Escrituras, y la declaración fiel y frecuente de la verdad de Dios. La recomendación de Pedro de "apacentar la grey de Dios" (1 Pedro 5:2) hay que entenderla de modo que incluya el recordatorio de Pablo: "que prediques la palabra . . . a tiempo y fuera de tiempo" (2 Timoteo 4:2). Hágase conocer como un fiel maestro de la Biblia, como alguien que alimenta a la grey con una dieta sólida y equilibrada de la verdad bíblica.

¡Hablando de ser especiales! En estos días de sermoncillos superficiales, de devocionales dulzones, y de pláticas sentimentaloides que carecen de fundamento bíblico, si usted prepara y pronuncia mensajes interesantes bien basados en la Escrituras, adquirirá renombre en la comunidad. Lo que es más importante, su rebaño quedará mejor preparado para ayudar y servir con eficacia en la obra del ministerio. Pero debo hacerle una advertencia: una vez que las ovejas han probado la buena Palabra de Dios, van a querer más y más . . . de modo que usted debe prepararse para un compromiso de por vida a una predicación sólida. Eso es lo que ha ocurrido con nuestros niños quienes cuando probaron un verdadero bistec, ya casi nunca quisieron volver a comer salchichas . . .

Son múltiples los beneficios que florecen en el terreno de este tipo de enseñanza y predicación bíblica. Me vienen a la mente por lo menos seis. Una instrucción sólida y consecuente de la Palabra de Dios nos otorga los siguientes beneficios:

- Le da estabilidad a nuestra fe
- Nos estabiliza en tiempos de prueba
- Nos capacita para manejar la Biblia correctamente
- Nos prepara para detectar el error y confrontarlo
- Nos da seguridad en nuestra vida
- Calma nuestros temores y elimina nuestras supersticiones.

Debo agregar que estoy muy consciente que un compromiso así con la instrucción se puede enfatizar tan exageradamente, que la iglesia puede convertirse en poco más que un curso de Biblia. La mayoría hemos visto casos así, y por eso no debemos olvidar que éste es uno de los cuatro objetivos principales de la iglesia, pero no el *único*. Una iglesia debe ser una comunidad que aprende, a la vez que una comunidad que da culto a Dios. El dejar de lado el culto y disminuir la proyección y la compasión que son necesarias para el equilibrio, mientras se recalca exclusivamente un mayor conocimiento de la Palabra, es irse a un extremo que Dios nunca planeó para su pueblo. Eso es echar a perder la instrucción . . . es una terca aventura que sólo logra poco más que inflar el orgullo y convertir a una congregación en un club elitista. No sólo debemos despertarnos a nuestros objetivos, sino también tener conciencia de los peligros de irnos a los extremos.

Antes de concluir con este objetivo, pudiera ser útil añadir varias formas de saber cuándo la instrucción se está acercando a un extremo malsano. Hay por lo menos tres con las cuales debemos tener cuidado.

La primera es que debemos estar alertas para determinar cuando el conocimiento se queda en la teoría, pues pronto generará la indiferencia o la arrogancia.

La segunda es que debemos estar alertas para saber cuando la predicación y la enseñanza no están equilibradas por el amor y la gracia, pues falta poco para llegar a la intolerancia.

La tercera es que debemos estar alertas para saber cuando la enseñanza se vuelve un fin en sí misma, pues en ese momento, la instrucción bíblica se está acercando peligrosamente a la bibliolatría.

Otros dos objetivos completan el cuadro

No voy a tratar de desarrollar los dos objetivos que siguen sino hasta que entremos en el capítulo siguiente. Debo recordarle que estos objetivos son la comunión fraternal y la proyección, que representan la dimensión horizontal del ministerio de la iglesia. Los primeros dos (el culto y la instrucción) son más de naturaleza vertical, y se ingresa en ellos de un modo más individual. Pero estos últimos dos objetivos nos acercan y nos permiten una relación personal con los demás. Como veremos en el capítulo tercero, la *comunión fraternal* revela que la iglesia es una grey de *cuidado mutuo*. Esa es una cualidad que encontramos incluso en la congregación más primitiva:

> *Todos los que habían creído estaban juntos, y tenían en común todas las cosas; y vendían sus propiedades y sus bienes, y lo repartían a todos según la necesidad de cada uno* (Hechos 2:44-45).

> *Y la multitud de los que habían creído era de un corazón y un alma; y ninguno decía ser suyo propio nada de lo que poseía, sino que tenían todas las cosas en común. Y con gran poder los apóstoles daban testimonio de la resurrección del Señor Jesús, y abundante gracia era sobre todos ellos. Así que no había entre ellos ningún necesitado; porque todos los que poseían heredades o casas, las vendían, y traían el precio de lo vendido, y lo ponían a los pies de los apóstoles; y se repartía a cada uno según su necesidad* (Hechos 4:32-35).

La verdadera comunión fraternal quiere decir que nos interesamos unos por otros, y por lo tanto nos cuidamos unos a otros. Y en nuestra *proyección* la iglesia manifiesta que es un cuerpo que se *extiende* para alcanzar a los demás. En la proyección podemos incluir la evangelización, la visión misionera, el proyectarnos hacia los que están en necesidad y no pertenecen a nuestro círculo, y el proveer esperanza y ayuda a los que están dentro de él y que necesitan apoyo especial. En una palabra, se trata de la compasión.

Podemos concebirlo así: el evangelio es como una canción. A menudo le damos a la gente la *letra* y se nos olvida que les atrae más la *melodía*. La iglesia congregada, con expresiones de mutuo cuidado, es comunión fraternal. La iglesia dispersa y extendiéndose hacia los demás cumple su misión de proyección. Como aprenderemos en el próximo capítulo, esas dos dimensiones son vitales.

Razones por las que abrazamos estos objetivos

Echemos una mirada más al último versículo del capítulo segundo de los Hechos, donde vemos que los primeros cristianos estaban . . . *alabando a Dios, y teniendo favor con todo el pueblo. Y el Señor añadía cada día a la iglesia los que habían de ser salvos.*

¡Qué escena! Ahí en la antigua Jerusalén había un grupo de creyentes cuyo culto era espontáneo, cuya instrucción era de gran contenido, cuya comunión fraternal era auténtica, y cuya proyección externa estaba motivada por la compasión. ¡No es de extrañar que tantas personas nuevas se sintieran atraídas! A mí no me sorprende que el Señor fuera añadiendo a ese número cada día más creyentes.

Cuando abrazamos estos objetivos, salen a nuestro paso varios beneficios. Dejamos de fijarnos tanto en nosotros mismos, y pasamos a centrarnos en el Señor. Nuestras propias diferencias mezquinas se reducen a su mínima expresión, lo cual profundiza la unidad de las relaciones. Y todo esto, cuando se mantiene en equilibrio, origina un magnetismo tal que la iglesia se vuelve irresistible.

Bueno, pues al leer esto es posible que usted se pregunte: ¿Y entonces qué? Bueno, pues como resultado comenzamos a convertirnos en lo que la iglesia fue diseñada para ser originalmente.

Es tan fácil perder el rumbo, ¿no es cierto? Tan fácil, por ejemplo, que una iglesia se convierta en poco más que un museo, un grupo de edificios y muebles que están acumulando polvo: montones de cosas que mirar, pero sin dinámica ni propósito. O al otro extremo, es fácil que una iglesia se convierta en nada más que una interminable serie de actividades: mucho movimiento y mucho ruido, pero muy pocos logros de significado eterno.

Cuando, en 1851, la reina Victoria inauguró en Londres la Gran exhibición de obras industriales de todas las naciones, la gente llegó en grandes números a Hyde Park a contemplar lo que llamaban las "maravillas". En aquel entonces el poder mágico era el vapor. Se mostraban arados de vapor, un órgano de vapor, hasta un cañón de vapor.

¿Sabe qué objeto se ganó el premio? Era un invento propulsado por vapor, que tenía siete mil piezas: todo tipo de poleas, campanillas, silbatos y piñones . . . piñones que se engranaban con otros piñones que se movían en armonía y giraban en perfecta sincronización. Era todo un espectáculo. Lo más interesante es que este invento no servía para nada.

Confieso que la primera vez que oí sobre lo que ocurría con este invento pensé para mis adentros: *Eso se parece a muchas iglesias que conozco,* pues en ellas sucede todo tipo de cosas, pero es muy poco lo que se está logrando. Al pensar en esto tenemos suficientes razones para recordar la razón de nuestra existencia y para llevar a cabo nuestros objetivos.

Si la iglesia no cumple los propósitos divinos, la otra alternativa es que sea una máquina de gran potencia que parece impresionante y que funciona con vapor, pero que no tiene ningún objetivo.

Y ahora ... ¿qué?

1. Hechos 2:42 habla de una intensa dedicación al cuerpo de Cristo: a la enseñanza, a la comunión fraternal y a la oración. Eso era mucho más que simple "hábito" o "expectativa cultural"; ¡era una santa pasión! ¿Cuáles son las características de sus propios sentimientos de devoción y de compromiso con su iglesia local? Si está ausente esa sensación de "fidelidad firme y resuelta", tómese un poco de tiempo para pensar y orar sobre todo ese asunto. ¿Qué es, según usted, lo que hace disminuir la intensidad de su compromiso? ¿Qué pudiera mejorarla?

2. Puede o no puede ser, que su iglesia esté experimentando esa clase de culto comunitario conmovedor que he descrito en este capítulo. Tal vez usted no esté en una posición adecuada como para efectuar o sugerir cambios en el culto de adoración de su iglesia. En todo caso, usted siempre puede asumir responsabilidad por su propio culto *personal* a Dios. Tome tiempo para anotar algunos elementos de su culto personal que necesiten un poco de "ejercicio" en su vida. Por ejemplo, ¿qué tal el puesto que ocupa la música de adoración en su corazón y en su hogar? ¿Por qué no esforzarse por aprender algunos nuevos coros de alabanza, o uno o dos himnos solemnes, para cantar sólo para los oídos de su Señor? Si usted no puede entonar bien, escuche durante el día algunas grabaciones que den gloria a Cristo, y permita que sea su corazón el que cante.

3. Para prepararse para favorecer al máximo el culto comunitario el día domingo, le sugiero que obtenga, emplee y disfrute algún libro que hable sobre lo especial que es el culto comunitario y la calidad que debe tener.

CAPÍTULO 3

UN AUTÉNTICO INTERÉS POR LOS DEMÁS

Sobre el escritorio de cierto oficial del ejército apareció un extraño rótulo, cuyas letras negras y gruesas decían lo siguiente:

EL TRABAJO QUE REALIZO ES TAN SECRETO
QUE NO ME ES LÍCITO SABER
LO QUE ESTOY HACIENDO.

Eso me hace recordar un rótulo parecido que bien pudiera colocarse sobre el escritorio de más de un pastor joven:

EL TRABAJO QUE REALIZO ES TAN SAGRADO
QUE NO ME ES LÍCITO SABER
LO QUE ESTOY HACIENDO.

Un letrero así no aparece en realidad sobre el escritorio de su pastor, pero más le valdría a usted creer que está colgado en la mente de más de alguno. Muchos de los que prestan servicio en iglesias locales y en organizaciones cristianas luchan por saber exactamente en qué debieran invertir su tiempo.

Después que uno se gradúa del instituto bíblico o del seminario, las cosas parecen bastante bien definidas. Pero pasan unos pocos años, y hay muchas cosas que cambian. Se intensifican las expectativas, aumentan las exigencias, la presión va en aumento y la gente poderosa ejerce fuerza. La incapacidad del nuevo pastor para satisfacer todas las necesidades y para cumplir todos los deseos acrecienta la tensión entre el ministro y el rebaño. Si la iglesia no crece tan rápidamente como muchos habían esperado que creciera, la desilusión va en aumento, pero las responsabilidades adicionales crecen rápidamente y crean situaciones complejas que nadie esperaba.

Antes que pase mucho tiempo, la gente empieza a esperar que el pastor, cuyo don es la predicación y cuyo fuerte es el liderazgo, cumpla muchas otras funciones: esperan que sea superintendente de construcción, director de personal, mago de organización, observador lleno de entusiasmo, recaudador de fondos, visitador diligente, consejero sabio, diplomático de gran tacto, evangelista celoso, y varios otros papeles en los que ni siquiera tenía que pensar en aquellos tiempos cuando las cosas eran pequeñas y sencillas.

Algunos de los que se encuentran de repente en ministerios que se vuelven muy grandes, corren en busca de refugio y desarrollan su existencia prácticamente en secreto. Es más fácil encontrar a un alto funcionario del gobierno que establecer contacto con ciertos pastores de alto vuelo. Como dijo cierta señora en un momento de exasperación: "El pastor de mi iglesia se parece mucho a Dios: ¡entre semana no lo veo, y el domingo no entiendo lo que dice!" Ese comentario no sólo me resulta divertido sino también revelador. Es interesante descubrir que hay mucha gente que en realidad cree que es correcto suponer que uno no puede entender a Dios y que por lo tanto, los que hablan en nombre de Él representan una serie de responsabilidades bastante difusas.

Y sé que es así, pues a lo largo de los años he visto las reacciones de las personas que de repente descubren que soy un ministro. Primero tienen una expresión de sorpresa seguida generalmente por algún comentario confuso que muestra una completa falta de comprensión. Nunca sé muy bien qué replicar . . . y por eso hago el mayor esfuerzo por evitar que los desconocidos se den cuenta de que soy pastor. Las cosas resultan mucho más fáciles mientras no mencione que soy un ministro. No hay presión, no se sienten sorprendidos, ni siquiera hay el más leve sentimiento de incomodidad entre nosotros, hasta que sale a la luz mi ocupación. A partir de entonces es obvio que la persona no sabe si tratarme como a un papa o como a un leproso. ¡Es bien raro!

Yo pudiera llenar un librito con las asombrosas anécdotas de lo que diversas personas han dicho y lo que han hecho poco después de enterarse de que soy un ministro. Una persona que estaba sentada a mi lado en un avión durante la hora de la comida, cambió nerviosamente su pedido de un coctel de vodka a un refresco, susurrándome tembloroso que en realidad eso era lo que se había propuesto pedir desde un principio. Le dije que no se preocupara . . . que a mí no me importaba en absoluto lo que él bebiera; y él pensó que eso era una insinuación, y lleno de pánico pidió *para mí* un coctel de vodka. Cuando no lo acepté, él decidió que intercambiáramos de asientos pero debido a su apresuramiento, derramó toda su comida encima de mí. A veces se me hace más fácil decirle a la gente simplemente que soy escritor. Pero entonces quieren saber qué clase de libros escribo, y eso da paso a otro episodio como el del vodka y el refresco, porque obviamente escribo libros cristianos.

Nunca olvidaré la ocasión en que yo iba caminando por un largo pasillo, apréstandome para realizar una visita pastoral en el hospital. Cuando me acerqué a la habitación de la hermana a quien iba a visitar, su esposo iba saliendo. Cuando salió por la puerta encendió un cigarrillo, luego echó una mirada por el pasillo y de pronto, a lo lejos, me reconoció a mí. Yo sonreí y saludé con la mano. Él respondió nerviosamente al saludo, y se desconcertó totalmente al tratar de decidir cómo esconder de mi vista el cigarrillo. Sosteniendo todavía el cigarrillo encendido, ¡lo que hizo fue deslizar su mano en el bolsillo del pantalón! Decidí actuar como si no lo hubiera visto . . . y entablar con él una larga conversación. La cosa se volvió cómica. Cuanto más hablaba yo, más corto se volvía en su mano aquel cigarrillo, y más empezaba el hombre a parecer una chimenea. El humo salía desde el bolsillo de sus pantalones y formaba círculos detrás del cuello de su saco. Yo ya no podía contenerme más, y le pregunté por qué no terminaba de fumar. Y aunque usted no lo crea, él negó que tenía un cigarrillo. En cuestión de segundos corrió hacia el ascensor y huyó, lo cual probablemente fuera lo mejor porque si hubiéramos seguido hablando el pobre se habría convertido en un holocausto viviente.

Ahora yo le pregunto a usted: ¿Qué habría pasado si yo hubiera sido ingeniero? ¿O vendedor de computadoras? ¿O piloto de una línea aérea? ¿O bibliotecario? Resulta asombroso el extraño malentendido que hay entre la gente acerca del ministerio en general y los ministros en particular.

Si no lo he aclarado antes, permítame hacerlo ahora. Lo sagrado no tiene nada de secreto. El ministerio pastoral podrá ser una vocación poco común, que exige una excelencia y un compromiso mayor que otras vocaciones, pero no hay razón para perpetuar la idea errónea de que no podemos definir su razón de ser o que no podemos comprender con exactitud en qué consiste. Hay que informar a la gente, para que el misterio quede sustituido por la realidad; y eso explica por qué decidí en un principio escribir esta "llamada para despertar". No me entienda mal. El respeto por el ministerio pastoral es cosa saludable y necesaria, pero el mantenerse en la ignorancia respecto a él y el conservarlo envuelto en un nebuloso manto de superstición o esoterismo es cosa que no ayuda a nadie.

Un breve repaso

Aunque acabamos de entrar en materia, tal vez un breve repaso resulte útil. Algunas de estas cosas que hemos venido tratando se parecen a la operación de la suma en la matemática. Estos principios son tan fundamentales que no podemos seguir adelante sino hasta que estén firmemente establecidos.

El propósito primordial de la iglesia es glorificar a Dios. Esa es, en resumen, la razón por la que hemos sido dejados en este planeta. No vivimos mucho tiempo. Pero en nuestro breve período de sesenta o setenta años, Dios nos concede bondadosamente unos pulmones para respirar, un corazón que late más de cien mil veces al día, y la suficiente fuerza mental y física para seguir adelante. El propósito absolutamente primordial que Dios tiene para nosotros durante nuestra existencia terrenal no es que nos hagamos famosos ni que acumulemos riquezas ni que andemos desplazando a la gente a codazos. Su propósito es, simple y llanamente, que demos gloria a su nombre. Si ese proceso de existencia nos permite una medida de éxito o algunas alegrías y beneficios por nuestra labor, está bien. Pero dada la brevedad de la vida, debemos poner primero lo primero.

Cuentan que cierto hombre, mientras caminaba por

la playa, se encontró una lámpara mágica usada, que el mar había dejado sobre la arena. Cuando él la frotó, salió el genio y le dijo que a la lámpara sólo le quedaba disponible un deseo. El hombre meditó un momento, y luego pidió una copia de la página del periódico local que contenía los resultados del mercado de acciones, pero con la fecha del siguiente año. En un instante el genio se esfumó, y en su lugar quedó la página del periódico. El hombre, ufano, se sentó a disfrutar de su trofeo; ahora pudiera invertir con seguridad, pues sabía quiénes serían los ganadores un año después. Cuando la página cayó en su regazo, ella sola se volvió hacia la columna de notas luctuosas que estaba en el reverso, y al hombre le llamó la atención el nombre que ocupaba el primer lugar en la lista: ¡era el suyo![10]

Nuestro Dios es un Dios celoso. No comparte su gloria con nadie. A partir de hoy, no se permita a sí mismo olvidar la importancia de glorificar el gran nombre de Dios, sin importar cuál sea su edad, su condición social, su situación económica o su esfera de influencia. Lea los dos recordatorios que siguen, de dos antiguos profetas, pues ellos representan palabras de advertencia para todas las generaciones.

Así dice Jehová Dios,
Creador de los cielos, y el que los despliega;
el que extiende la tierra y sus productos;
el que da aliento al pueblo que mora sobre ella,
y espíritu a los que por ella andan:
Yo Jehová te he llamado en justicia,
y te sostendré por la mano; te guardaré
y te pondré por pacto al pueblo,
por luz de las naciones,
para que abras los ojos de los ciegos,
para que saques de la cárcel a los presos,
y de casas de prisión a los que moran en tinieblas.
Isaías 42:5-7

¿Y tú buscas para ti grandezas? No las busques . . .
Jeremías 45:5

Si usted es maestro bíblico, pudiera subrayar esa frase escrita por Jeremías. Si usted es pastor, subráyela, márquela bien. ¿Es usted uno de los que está buscando grandezas para sí mismo? *Si es así, ¿qué hace usted enseñando la Biblia?* La Biblia es el Libro de Dios, escrito para la gloria de Dios. No busque grandezas para sí mismo, no importa cuál sea su influencia en el ministerio.

Voy a dirigirme directamente a usted, con la esperanza de advertirlo de un peligro sutil. Si su móvil es, en alguna forma, promover la grandeza para usted mismo, entonces escogió la profesión equivocada. No hay Condecoraciones al Mérito que se den en la tierra para la gente que está en el ministerio, ni creo que deben existir. Nuestras recompensas vienen después. Por decisión soberana de Dios, vendrán cuando nuestro Rey las provea en el futuro. Y es bueno tener presente que, tan pronto como las coronas sean colocadas sobre nuestra cabeza, de inmediato nos las quitaremos y las pondremos a los pies del trono de Dios, que es donde merecen estar. ¿Por qué? La respuesta es sencilla: Quien es digno es el Cordero que fue inmolado, y no aquel que aclama al Cordero.

Estas palabras no llevan la intención de ser palabras bonitas, suaves y piadosas. Son palabras verdaderas, que se olvidan fácilmente, especialmente si uno se encuentra ejerciendo el liderazgo en una iglesia creciente y dinámica sobre la cual descansa actualmente la bendición de Dios. Le recuerdo que esa bendición es frágil. No va a durar para siempre.

Una mirada más de cerca a nuestros objetivos

Como lo vimos en el capítulo anterior, el tejido de Hechos 2:41-47 contiene cuatro grandes hilos: el culto, la instrucción, la comunión fraternal y la proyección.

En primer lugar, la iglesia es una comunidad de *culto*. Si su iglesia no está activa en el culto, usted tendrá que forzar la verdad para poder decir que se trata de una iglesia. Tal vez sea un buen lugar de reunión. Quizá disfrute usted de cualquier cantidad de actividades alentadoras. Puede ser que haya una gran cantidad de excelente instrucción. En efecto, tal vez ése sea el único énfasis. Si es así, le sugiero que llame a eso por su nombre; pues eso es una escuela, pero no una iglesia.

Un hombre me contó hace poco que uno de los problemas que él y su esposa encontraban en una iglesia a la que antes asistieron por varios años era que el pastor solía decir: "Aquí no nos interesa el tener muchos cultos. La música no es importante, ni tampoco la comunión fraternal (cosa que él siempre despreciaba). Mi ministerio es la enseñanza, sólo la enseñanza. Aquí lo que recibimos es doctrina."

El que me lo relató añadió: "¡Y sin duda, eso era exactamente lo que sucedía! Francamente era como asistir a un instituto bíblico o estar sentado en el aula de un seminario. Hasta teníamos pupitres adosados a nuestros asientos. Después de decir el juramento a la bandera nacional, el pastor decía una breve oración; nos sentábamos, y comenzaba la enseñanza. No había música. No había sentimiento. No había sentido alguno de compasión. De un golpe abríamos la Biblia, y comenzaba la lección."

Por supuesto que una iglesia *necesita* buena enseñanza, pero no por eso debe excluir el culto. Me llama la atención el hecho que durante más de tres años de ministerio terrenal Jesús nunca les dijera a sus discípulos que escribieran nada. Ni una vez. Su instrucción no era un ejercicio académico. En cambio, sí notamos que los que se sentaban a sus pies frecuentemente adoraban a Dios.

En segundo lugar, recordemos que la iglesia es un lugar donde recibimos *instrucción*. Cuando estamos juntos aprendemos de la Palabra de Dios, pero lo que aprendemos no se limita a la instrucción verbal. Aprendemos de los ejemplos de la vida de unos y otros. Aprendemos por experiencia. Aprendemos de los fracasos, las pérdidas y las pruebas. Aprendemos de los grandes himnos, de los cantos de fe. En el proceso de aprender a los pies de nuestro Dios, Él recibe la gloria.

Usted recordará que esos dos elementos se recalcan en el pasaje de Hechos 2 que examinábamos en el capítulo anterior.

Perseveraban en la doctrina (instrucción).

Sobrevino temor (sentido de culto) *a toda persona.*

Cuando uno está en un aula, no siente ningún temor . . . ¡a menos que no conozca la respuesta de un examen! Pero ese es otro tipo de temor. Cuando de veras damos culto a Dios lo hacemos con un sentimiento de asombro y de alabanza. También hay un sentido de culto en el silencio: cuando estamos callados, quietos, con la certeza de que Dios es Dios. Hay sentido de culto en los hermosos cantos de la congregación, en un himno, o en la música maravillosa y grandiosa que resuena en un órgano de tubos.

Cuando uno adquiere conciencia del culto y la instrucción que existía en la iglesia primitiva, se da cuenta de que ambos elementos brotan repetidas veces en diversos puntos del libro de Hechos.

Una comunión íntima

En este mismo segmento de Hechos 2 encontramos que la iglesia ha de ser un lugar de *comunión fraternal*. Digamos que se trata de un rebaño donde todos tienen cuidado de los demás. Dios nunca tuvo la intención de que la iglesia fuera simplemente un conjunto de edificios donde uno llega, se sienta, adora, aprende y se va. La iglesia es una comunidad de creyentes que muestran auténtica solicitud unos por otros.

Los primeros cristianos tenían una intimidad en su comunión que hoy día rara vez se ve. Continuamente "perseveraban" en ella; no sólo en la enseñanza, no sólo en la mesa del Señor y la oración, sino también en la comunión. El término comunión que es usado excesivamente y a menudo malentendido, viene del vocablo griego *koinonía*, que trasmite la idea de algo que se tiene en común con otros.

Cuando el término *koinonía* aparece en el Nuevo Testamento, siempre incluye la idea de estar juntos, de compartir algo entre todos, o de participar conjuntamente de algo. Los primeros cristianos tenían cosas en común entre sí. Estaban juntos. No se reunían para el culto como si fueran una bolsa de canicas aisladas que hacían mucho ruido al agruparse, para luego disgregarse cada uno por su lado. No; más bien se reunían como un racimo de uvas maduras. Conforme la persecución los agrupaba, sangraban unos sobre otros. Sus vidas se entrecruzaban naturalmente. Es mucho mejor pensar en nosotros mismos como dos puñados de uvas maduras, que como una bolsa de canicas bien pulidas. El tiempo que pasamos juntos se vuelve mucho más valioso cuando nuestra vida se entreteje, acercándose más, sintiendo cada uno las presiones y luchas del otro, cuidando unos de otros de corazón.

Una de las palabras de la misma raíz que *koinonía* nos lleva a Lucas 5:10, donde a algunos individuos se los llama *koinonoi*, "socios" de trabajo (RVR, "compañeros"). En Hebreos 10:33 se nos habla de ser copartícipes y colaboradores en el evangelio. Eso viene de la misma raíz que la palabra *koinonía*. Hebreos 13:15 se refiere a nuestra entrega de dinero como una expresión de *koinonía*. Cuando estamos de veras en comunión, damos de nuestros bienes; cuando damos para las necesidades de una asamblea, participamos en esa comunión.

Gálatas 2:9, aunque parezca sorprendente, dice que se daban "la diestra en señal de compañerismo" o de comunión. (Uno habría podido pensar que esa expresión se había originado en alguna iglesia evangélica muy conservadora.) El apóstol Pablo está describiendo con cuánta buena disposición los hermanos se acercaron a ellos y los abrazaron. Esos cristianos se interesaban profundamente los unos por los otros.

Toda esta investigación bíblica me ha llevado a mi propia definición de comunión fraternal. Creo que la comunión fraternal se da cuando hay *expresiones de auténtico cristianismo que se comparten libremente entre los miembros de la familia de Dios*. En el Nuevo Testamento encuentro que la *verdadera koinonía* desemboca en dos expresiones definidas. Primero, el compartir algo con alguien; algo tangible. Ayudarle a satisfacer alguna necesidad. Y segundo, participar en algo *con* alguien más. Cuando hay llanto, uno participa *en* él con el que llora. Uno llora también. Cuando hay regocijo, uno participa *en* el regocijo con el que se regocija.

¿Cuál fue la última vez que alguno de sus compañeros recibió un ascenso y usted aplaudió? Quiero que se imagine a un hermano cristiano que tal vez no ha llevado una vida cristiana tan buena como usted; y sin embargo, recientemente ha sido bendecido por Dios. Quiero preguntarle directamente: ¿Pensaría usted: "Que Dios lo bendiga. Me alegro muchísimo por esa familia. Estoy feliz de que puedan disfrutar de algunas de esas bendiciones"? Mi esposa y yo hemos notado, muy objetivamente, que para muchos cristianos es más fácil llorar con los que lloran que gozarse con los que se gozan. No sé por qué, la envidia o los celos desempeñan un papel tan fuerte en la mente de otras personas cuando ven que alguien ha sido bendecido. Recordemos que la comparación es un juego feo. ¡Mejor elijamos la compasión!

Marion Jacobsen, en un libro titulado *Saints and Snobs* [Santos y esnobs], escribe estas palabras que son fuertes pero verdaderas:

> Si cualquier grupo de cristianos que aseguran creer y practicar todo lo que Dios ha dicho en su Libro Santo está dispuesto a asumir su responsabilidad personal dentro de la familia de Cristo, y las verdaderas necesidades de los cristianos que los rodean, su iglesia dejará una marca en la comunidad circundante con la esplendorosa bondad del amor de Dios, hacia ellos y entre ellos. Probablemente una transformación así lograría atraer más a otros a Jesucristo, que cualquier estrategia de visitas casa por casa, cualquier campaña evangelística o cualquier nuevo edificio de una iglesia. La gente tiene hambre de aceptación, de amor y de amigos, y si no encuentran eso en la iglesia tal vez no se queden allí el suficiente tiempo como para entablar una relación personal con Jesucristo.
>
> A la gente no se le persuade; se le atrae. Tenemos que ser capaces de comunicarnos mucho más por lo que somos que por lo que decimos.[11]

La verdadera proyección

El cuarto y último distintivo de la iglesia es su *proyección*. Debe ser de un cuerpo que se extiende hacia afuera, que no usa sus brazos para abrazarse a sí mismo, sino al mundo que le rodea.

Hemos notado que en Hechos 2:43-46 se relata sobre algo que iba creciendo con fuerza. Existía amor y aceptación. Los creyentes tenían compasión, se preocupaban los unos por los otros, existía generosidad. Obviamente las necesidades existentes estaban siendo suplidas y, a la luz de todo lo que ocurría, no debemos sorprendernos cuando leemos cómo el Señor honraba las expresiones de preocupación de los unos por los otros.

> *Y el Señor añadía cada día a la iglesia los que habían de ser salvos* (v. 47).

¿Si nos preguntamos si se quedó dentro de la iglesia el mensaje de la muerte y resurrección del Señor? ¿Se guardaron ellos para sí mismos aquella buena noticia? ¿Era este mensaje algo que sólo se disfrutaba dentro de las paredes de su edificio de culto? La respuesta es no; al contrario, ellos estaban impacientes por salir a las calles y difundir la palabra.

En el capítulo inmediatamente siguiente se nos dice:

> *Pedro y Juan subían juntos al templo a la hora novena, la de la oración . . . (Hechos 3:1).*

Notemos que los discípulos no estaban *en* el templo, sino que iban subiendo *al* templo. Y cuando iban de camino, a "la hora . . . de la oración", se encontraron con un necesitado.

> *Y era traído un cojo de nacimiento, a quien ponían cada día a la puerta del templo que se llama la Hermosa, para que pidiese limosna de los que entraban en el templo. Este, cuando vio a Pedro y a Juan que iban a entrar en el templo, les rogaba que le diesen limosna (vv. 2,3).*

Cuando uno viaja por diversos países a menudo se encuentra con escenas parecidas. En los países donde abundan los pobres — como en África y Asia, y muchos sectores del Oriente Medio y Latinoamérica —, los mendigos con frecuencia se colocan cerca de un lugar de culto. Y era precisamente allí donde se encontraba este hombre.

Cuando Pedro y Juan pasaron él se dirigió a ellos, preguntándose si le iban a dar algo:

> *Pedro, con Juan, fijando en él los ojos, le dijo: Míranos. Entonces él les estuvo atento, esperando recibir de ellos algo. Mas Pedro dijo: No tengo planta ni oro, pero lo que tengo te doy; en el nombre de Jesucristo de Nazaret, levántate y anda. Y tomándole por la mano derecha le levantó; y al momento se le afirmaron los pies y tobillos; y saltando, se puso en pie y anduvo, y entró con ellos en el templo, andando, y saltando, y alabando a Dios (vv. 4-8).*

¿Sabe usted lo que ocurrió después que ellos empezaron a alcanzar a la gente con el mensaje? Fueron llamados a cuentas. ¿Por quién? Por los personajes *religiosos*, quienes les recitaron una aburrida letanía de quejas. Les dijeron: "No tenemos cabida para una cosa así. Esto está fuera de lo normal. Y además, ¿ustedes quiénes son? Ustedes no son de nuestro grupo, ¿verdad?" Sin embargo, en lugar de desalentarse por las amenazas de aquellos dirigentes religiosos, Pedro aprovechó el momento como una oportunidad para hablar en favor de su Señor.

¡Qué lugar más fantástico para hablarle de Cristo a la gente! Hay pocos lugares más vacíos de vitalidad espiritual que un círculo religioso formado por personas que hablan de asuntos religiosos pero que nunca mencionan al Salvador. No pasemos por alto esas oportunidades. En cualquier ocasión en que usted tenga la oportunidad de ministrarle a un "grupo religioso", hágalo. A menudo no conocen a Cristo. Lo único que conocen es su propia religión de formalismos.

Volvamos a nuestra historia. Cuando soltaron a los discípulos y los echaron a la calle, ¿qué fue lo que les ocurrió? Se pusieron a hacer exactamente lo mismo. Ellos se parecen a uno de esos juguetes de niños, uno de esos muñecos que tienen en la parte inferior un peso redondo. En algunos lugares los han llamado muñeco porfiado porque cuando usted lo golpea o lo tira, siempre vuelve a quedar en posición vertical, siempre regresa a su misma posición. Aunque trataban de botarlos, los primeros cristianos seguían levantándose de nuevo.

Lea este versículo y analice usted mismo lo que ocurría:

> *Hablando ellos al pueblo, vinieron sobre ellos los sacer-dotes con el jefe de la guardia del templo, y los saduceos, resentidos de que enseñasen al pueblo, y anunciasen en Jesús la resurrección de entre los muertos. Y les echaron mano . . .* (Hechos 4:1-3).

¿Puede usted escuchar lo que decían sus captores?

Tal vez se decían: "¡Me parece que yo les dije a ustedes que no hicieran eso!" Parece que ellos de inmediato contestaban: "Claro, tienen razón, y nosotros le oímos, pero no le vamos a hacer caso."

Y fue así como los echaron de nuevo tras las rejas.

> *Y les echaron mano, y los pusieron en la cárcel hasta el día siguiente, porque era ya tarde. Pero muchos de los*

que habían oído la palabra, creyeron; y el número de
los varones era como cinco mil (vv.3-4).

¿Se acuerda de la cifra que mencioné en el capítulo dos? Era de
"como tres mil personas". Note que ahora son "como cinco mil".
La iglesia va creciendo numéricamente. ¡Pero claro! ¿Quién no va
a querer estar con personas que son así de contagiosas y así de
valientes?

Y sigue la canción . . . . otra escena de esas que algunos quisieran
eliminar.

Cuando los trajeron, los presentaron en el concilio, y el
sumo sacerdote les preguntó, diciendo: ¿No os manda-
mos estrictamente que no enseñaseis en ese nombre?

(Uno casi puede figurarse a esos tipos que enfáticamente y con
los dientes apretados están diciendo: "Les advertimos que no
hicieran eso.")

Y ahora habéis llenado a Jerusalén de vuestra doctrina,
y queréis echar sobre nosotros la sangre de ese hombre.
Respondiendo Pedro y los apóstoles, dijeron: Es necesa-
rio obedecer a Dios antes que a los hombres (5:27-29).

Más tarde Pedro les predica, y los resultados son como se podía
prever:

Ellos, oyendo esto, se enfurecían y querían matarlos.

Por último, un caballero llamado Gamaliel tomó la palabra:
"Un momentito. Espérense, señores. Ustedes tienen que darse
cuenta de que tal vez estén luchando contra Dios. Y si ése es el
caso, no hay manera de detener esta obra, pero si ese no es el caso,
esa obra se detendrá por sí misma." (Paráfrasis de Swindoll.) Ese
fue el razonamiento de Gamaliel, y por cierto no era un mal
razonamiento.

Entonces ellos pensaron: "Bueno, está bien. Estamos de acuerdo. Pero les vamos a hacer entender. Vamos a hacer que les duela,
y así se acordarán." ¿Cree usted que eso aminoró el celo de los
discípulos? ¡Ni en broma! Más bien fue como echarle leña al
fuego. Aquellos hombres que fueron azotados y golpeados salieron

de ahí con la ropa ensangrentada, pero felices de haber tenido el privilegio de sufrir por Cristo.

Y ellos salieron de la presencia del concilio, gozosos de haber sido tenidos por dignos de padecer afrenta por causa del Nombre. Y todos los días, en el templo y por las casas, no cesaban de enseñar y predicar a Jesucristo (vv. 41,42).

Esto realmente me encanta. Dice que "todos los días" hablaban de Cristo abiertamente. Su testimonio no se limitaba a hacer invitaciones evangelísticas a la iglesia. Los discípulos dieron ejemplo de la verdadera evangelización allí donde realmente se necesita: en la calle, no en la iglesia.

¡Divulguemos el mensaje!

En mi investigación he descubierto cuatro observaciones acerca de la evangelización y las misiones en el Nuevo Testamento.

La primera es que estas labores *nunca se circunscribían a la asamblea de la iglesia.* En realidad, ese era el lugar donde menos ocurría. Espero que usted siempre recuerde esto. La iglesia congregada está rindiendo culto y recibiendo instrucción. La iglesia dispersa está ayudando a afirmar, a alentar y a evangelizar. ¡Cuántas veces veo esto exactamente al revés! Quiero presentarle un gran desafío. Trate usted de encontrar un lugar en el Nuevo Testamento donde la iglesia se reuniera estrictamente con el fin de evangelizar. No lo encontrará porque la gente no llegaba a la iglesia para ganar a los no creyentes. Se congregaban para adorar y recibir instrucción y vivir en estrecha comunión, y se dispersaban para evangelizar. Una vez concluidas las reuniones se ponían a pensar en los no creyentes, se ponían en contacto con ellos, y los ganaban para Cristo. Una vez convertidos, los nuevos creyentes eran conducidos al lugar donde podían recibir instrucción, donde podían rendir culto, y donde podían encontrar auténtica compasión y verdadera comunión fraternal.

La iglesia es esencialmente el lugar donde los santos se congregan para alimentarse no de huesos sino de la carne de la Palabra y para sentirse cada vez más convencidos de lo necesario que es predicar el evangelio con ese mensaje que se extiende hacia los perdidos. Es como el círculo para determinar la estrategia que forman los jugadores en un partido de fútbol americano: todo el mundo sabe que el equipo no llega a la cancha simplemente para formar un círculo e inventar rápidamente la estrategia. Se reúnen en ese círculo sólo lo suficiente para ponerse de acuerdo sobre la estrategia que ya conocen. De igual manera nosotros a lo largo de la semana desarrollamos la estrategia y cada domingo regresamos a ese círculo sólo para ponemos de acuerdo sobre ella.

La segunda observación que deseo presentar es que *la evangelización siempre la iniciaba el cristiano*. Tenemos la impresión de que, si la gente quiere conocer a Cristo, nos van a preguntar por Él. Pero estamos soñando si pensamos que alguien va a acercarse a nosotros, tocarnos el hombro y suplicar: "Mire, ¿pudiera usted hablarme acerca de cómo puedo conocer a Cristo como mi Salvador y Señor?"

En todos mis años, casi nunca me he encontrado con alguien que me diga: "Por cierto, Charles, he estado preocupado acerca del destino eterno de mi alma. Sé que usted es cristiano, y me gustaría que me ayude a saber cómo llegar al cielo."

Eso es bueno para una broma, pues no son ellos los que traen el tema a colación . . . somos nosotros. Nosotros iniciamos el contacto. Eso era lo que hacían los cristianos en la época del Nuevo Testamento.

La tercera realidad de la iglesia primitiva es que *la evangelización habitualmente se daba en conexión con algún otro acontecimiento o experiencia no relacionada con ella*. Me refiero a que generalmente se evangelizaba en medio de situaciones de intensa oposición, a veces en una curación, o en una conversación, en una discusión, un acontecimiento sobrenatural, e incluso en medio de un suceso catastrófico. El abrazar la fe en Cristo frecuentemente surgía de circunstancias así.

La cuarta observación es que *la evangelización nunca era un medio para manipular u obligar a una persona*. La Biblia no contiene registro alguno de cristianos que manipularon a hombres y mujeres no creyentes para conducirlos a la salvación. No; casi sin excepción, las personas eran tratadas con tacto y dignidad, con respeto e inteligencia. Sin duda ellos tenían una convicción que les movía a ser audaces, pero los primeros creyentes sólo trasmitían el mensaje y esperaban a que el Espíritu de Dios actuara. Por supuesto que a Él nunca se le ha agotado el poder.

Tenga presente lo que aprendimos anteriormente: el poder del ministerio es el Espíritu Santo. El atender a las personas, el interesarse de veras por su mundo, su situación, sus inquietudes personales, sigue siendo el método más eficaz para ganar a los no creyentes.

Una mirada adelante . . . Con realismo

Con frecuencia pienso en las dos dimensiones del ministerio de una iglesia.

Primero, *la profundidad de una iglesia* está determinada por la calidad de su culto e instrucción. No podemos, ni debemos, renunciar al culto sólo porque creemos en la evangelización. No debemos dejar de instruir a la gente simplemente porque nos encanta el culto. El tener ambas cosas nos da profundidad. La profundidad de una iglesia está determinada por la calidad de su culto e instrucción. Siempre debemos mantener eso en el nivel más alto de nuestra conciencia.

La segunda dimensión — *la amplitud de una iglesia* — está determinada por su compromiso con la comunión fraternal y la evangelización. No podemos mantener nuestra amplitud si dejamos de evangelizar (más bien en ese caso nos convertiremos en un pequeño club exclusivo). Si nos olvidamos del mundo en necesidad, no vamos a ser un rebaño donde hay cuidado mutuo, y vamos a carecer de equilibrio. Debemos mantenernos extendiendo las manos hacia las personas que están en necesidad. Después de todo, en eso consiste el amor. Es el amor lo que nos saca de nuestra cómoda complacencia y nos mueve a extender nuestras manos para alcanzar a otros. Alguien escribió:

> Lleva el Amor una orla en su manto
> que se arrastra por el polvo del camino;
> puede tocar las manchas de calles
> y veredas . . .
> Y puesto que puede hacerlo, debe hacerlo.[12]

No es ningún secreto. El ministerio de la iglesia incluye un auténtico interés por los demás. Es necesario que dejemos de hablar de eso y que comencemos a ponerlo en práctica.

Despiértate del sueño, amigo. Cada persona con quien te encuentres hoy está en la lista de "Los más buscados" del cielo.

Y ahora... ¿qué?

1. Sin que importe el tamaño de su iglesia, es fácil encontrar que la comunión estrecha de uno se limita al mismo grupo de seis personas o algo parecido. Como resulta "cómodo" estar siempre con el mismo grupo conocido, usted puede estar restringiendo su relación con otros miembros de la iglesia que pudieran hacer un verdadero aporte a su vida... y usted a la de ellos. Lo exhorto a que invite a su casa a varias personas de su comunidad a quienes no conozca bien. Que sea una reunión informal. Que cada persona relate algo acerca de su propio peregrinaje espiritual, y sobre algunas inquietudes o prioridades del momento. Deje que la conversación fluya, y busque oportunidades de identificarse y animar a los demás. Usted será enriquecido, y sus nuevos amigos lo serán también.

2. Como aprendimos en este capítulo, la *koinonía* tiene también implicaciones económicas; la comunión fraternal y el compartir bienes materiales están inseparablemente ligados. Tal vez usted o su familia ayuden a apoyar económicamente a algún misionero. ¿Cree que se trata simplemente de hacer un cheque cada mes y ponerlo en un sobre?

3. Pensando en sus circunstancias actuales — su ocupación, su vecindario, su círculo de amigos —, ¿qué pudiera implicar el que usted "tome la iniciativa" de hablar de su fe en Cristo?

CAPÍTULO 4

UN ESTILO DE VIDA CONTAGIOSO

E l hábito no hace al monje.
Es un dicho viejo, pero siempre válido. El aspecto exterior de las cosas no tiene nada que ver con el contenido interno. Y lo mismo sucede con las personas. ¿Quién pudiera declararse inocente de haber llegado a una conclusión errónea sobre un individuo, por formarse su opinión sólo por cosas externas?

Lo que es válido para una persona es válido también para una nación. En ciertas ocasiones, si se realiza una seria búsqueda de la verdad se puede demostrar que la opinión pública está muy desacertada.

Así, por ejemplo, se considera a Estados Unidos un país progresista, culturalmente refinado y bien educado. Tal vez eso sea cierto si se compara con algunas de las regiones más atrasadas del mundo. Pero hay suficiente motivo como para avergonzarse cuando uno comienza a investigar la realidad que hay debajo de la superficie. Por ejemplo, hace un tiempo se hizo un estudio de los conocimientos de los estudiantes en ocho países industrializados. Los que en ese momento estaban cursando estudios en los Estados Unidos obtuvieron un puntaje que estaba completamente al final de la lista en matemáticas, ciencias y geografía.

De manera que, así como el hábito no hace al monje y la fama no hace al país, puedo asegurar lo siguiente: *Los edificios no hacen a la iglesia*. Lo triste es que aunque sabemos que eso es cierto, aun así prejuzgamos a la mayoría de las iglesias superficialmente . . . ¡y cuán equivocados estamos con frecuencia! Por ejemplo:

Si una iglesia es grande, y tiene múltiples edificios, decimos: "Es una iglesia fría . . . es difícil sentir que uno está cerca de la gente en ese lugar . . . probablemente allí no se interesan mucho por los demás."

Si es una iglesia pequeña, ubicada en el campo, y abrigada por un seto de árboles, decimos: "Es cálida, amistosa y atractiva . . . seguro que allí se preocupan mucho por los que sufren."

Si una iglesia es de apariencia elegante y está compuesta por personas acomodadas económicamente y que llegan en autos lujosos, decimos: "No es posible que estén muy interesados en la evangelización ni tengan una visión misionera . . . sin duda el pastor es más un político que un expositor, y probablemente no predica de veras la Palabra."

Si una iglesia es sencilla y llana pensamos que: "Tiene que ser un lugar rígido, intolerante, sumamente legalista."

Si resulta que pertenece a determinada denominación, le ponemos la etiqueta de extremista.

Si está pasando por dificultades económicas, fácilmente nos imaginamos que se debe a la irresponsabilidad en el manejo de los fondos.

Si ha sufrido por algún escándalo, muchos pensarían que carece de convicciones y que necesita una norma más alta de santidad.

¡Qué erróneo, qué injusto! ¿Qué nos lleva a pensar que podemos determinar el estilo o las convicciones o las creencias de una congregación a partir de una rápida ojeada a la arquitectura de su edificio o al nombre del lugar?

Es hora de que nos despertemos a la comprensión de ciertas cosas que son mucho más profundas que todos esos dictámenes superficiales e inexactos. Que Dios nos ayude a vencer el hábito de llegar a conclusiones negativas basándonos exclusivamente en el tamaño de una iglesia, su nombre, su ubicación, o la clase de autos en que llega la gente. Yo sugeriría que un buen punto desde donde debemos comenzar es una lectura cuidadosa de Mateo 16:15-18, donde Jesús hace esa importante predicción: ". . . Edificaré mi iglesia", declaración que está seguida de una promesa: "y las puertas del Hades no prevalecerán contra ella."

Nuestro Señor no tenía en mente ni un edificio ni un nombre. Sólo tenía en mente a su pueblo. El término "iglesia" viene de la palabra griega *ekklesía*, que significa "los llamados fuera". La predicción de Jesús era que él iba a penetrar en las filas de la humanidad y "llamar fuera de entre muchos y" para sí mismo a un pueblo que, adhiriéndose a sus enseñanzas, glorificara su nombre. Y su edificación de ese cuerpo de creyentes iba a ser invencible. Ni siquiera Satanás y sus huestes malignas iban a poder tergiversar su plan.

Si usted se pregunta, entonces: ¿Cuándo fue que la gente empezó a concebir las iglesias como edificios? ¿Está usted listo para la sorpresa? Los cristianos no comenzaron a construir edificios para las iglesias sino hasta el siglo segundo.

Diversos "tipos" de iglesias

En su excelente librito *The Church of the Catacombs* [La Iglesia de las catacumbas], el autor Walter Oetting dice:

> Si uno hubiera preguntado "¿Dónde está la iglesia?" en cualquier ciudad importante del mundo antiguo donde el cristianismo hubiera penetrado en el siglo primero, le habrían dado las señas de un grupo de personas reunidas en una casa para dar culto a Dios. No existía ningún edificio especial, ni ninguna otra riqueza tangible con la cual se pudiera asociar el término "iglesia" . . . sólo gente.[13]

Hasta fines del siglo primero, las congregaciones cristianas siguieron reuniéndose en casas o donde pudieran reunirse. A veces lo hacían en cuevas y otros sitios ocultos o clandestinos, por temor a que los mataran. No fue sino hasta bien entrado el siglo segundo que empezaron a construir edificios para sus iglesias. Y no fue sino hasta el siglo III que el énfasis en el edificio comenzó a tomar precedencia sobre el énfasis en la gente.

Fue así como con el paso de los siglos, y especialmente en estos últimos dos o tres siglos, en la mente del pueblo en general, los edificios eclesiásticos inanimados han llegado a representar a las verdaderas congregaciones. Eso explica por qué cuando se le pregunta a la gente dónde está determinada iglesia, invariablemente hará referencia a una ubicación geográfica o a cierto diseño arquitectónico de sus edificios.

En efecto, hay diversos tipos o estilos de iglesias a los que se hace referencia en nuestros tiempos. Cierto estudioso ha clasificado las iglesias en cuatro tipos.

En primer lugar menciona *la iglesia-cuerpo*. Se trata de una iglesia que no posee propiedad alguna ni la necesita. Establece sus asambleas de culto dependiendo de los lugares más cómodos para reunirse. A veces, si es necesario, alquila un local, pero no es su propietaria. La mayoría de las veces esa red de vida congregacional está compuesta por pequeños grupos, vinculados por asambleas conjuntas que realizan su culto en un grupo mayor, de cuando en cuando. Pero normalmente se reúne en secciones más pequeñas.

Un segundo tipo de iglesia es lo que ese autor llama *la iglesia-catedral*. No importa cuál sea su tamaño, es una iglesia que considera el edificio como la iglesia. Y cualquier cosa que suceda en nombre de la iglesia, casi sin excepción, tendrá lugar dentro de ese edificio o en sus predios.

En tercer lugar menciona *la iglesia-tabernáculo*. Se trata de una congregación de gente que tiene un edificio, pero su edificio es totalmente secundario o funcional. La estructura nunca es considerada un lugar sagrado en el sentido estricto de la palabra. Es un sitio que protege a la gente de la intemperie, les da un techo y les provee cierta medida de comodidad e identidad. Para ellos el local cumple propósitos prácticos que ayudan al funcionamiento de la iglesia. Muchas cosas que son parte de la vida de esa iglesia se dan fuera del edificio, a veces a muchos kilómetros de distancia de ese local base.

El cuarto tipo que menciona es *la iglesia fantasma*. Este tipo de congregación se enorgullece de no tener edificio alguno, jamás. El problema es que tiene muy poca organización de cualquier tipo.

Otros "expertos en eclesiología" han sugerido otras posibilidades. Uno de ellos es Lyle Schaller, sin duda una de las autoridades más respetadas en el análisis de iglesias. En su libro *Looking in the Mirror* [Mirando en el espejo], clasifica las iglesias según su tamaño. Sugiere que la iglesia más pequeña (de menos de 35 miembros) es una "iglesia gato". Una iglesia que tiene de 35 a 100 miembros se llama "iglesia perro". Una iglesia cuyos miembros son de 100 a 175 es una "iglesia jardín"; una iglesia de 175 a 225 es una "iglesia casa"; y una iglesia de 225 a 450 es una "mansión".

Si una iglesia tiene una membresía que va de 450 a 700, es una "hacienda". Más allá de 700 él considera que la iglesia es una "nación", en realidad una denominación en pequeño.[14]

Mi buen amigo Paul Sailhamer, quien es el que trabaja más de cerca conmigo en el ministerio, ideó recientemente otra serie de grupos, que hizo sonreír a todo nuestro personal pastoral (él es muy bueno para eso). Me pareció que su sugerencia era sumamente exacta.

Primero está la *iglesia-burro*. La iglesia-burro es una iglesia normal y silvestre, sin importar su tamaño. Se mantiene firme en su tarea, con fidelidad y tenacidad. No hay en ella un gran impulso de crecimiento; apenas se agregan algunos miembros nuevos cada año, y nada más. Maneja las cargas del ministerio como un burro. Persevera y cumple con su tarea.

Luego viene lo que Paul llama una *iglesia-caballo-de-carreras*. Este tipo de iglesia es una congregación formada en torno a una persona únicamente. Él es sin duda alguien en quien uno invertiría su dinero. En breves períodos hay oleadas de crecimiento que parecen meteoritos en el cielo nocturno. ¡Zuum!, y el crecimiento de este año deja atrás el gráfico del año pasado. El problema es que cuando el Reverendo Maravilla se va, la iglesia desciende otra vez a donde estaba antes. Ese es el precio que paga el rebaño por depender de él como el caballo de carreras.

Paul sugiere entonces que lo que en realidad necesitamos hacer es cruzar una iglesia-caballo-de-carreras con una iglesia-burro . . . y obtendremos una *iglesia-mula*. Esa es de veras la clase de iglesia que uno gustaría tener. Como una mula, tiene estabilidad y perseverancia; pero por no ser completamente un burro, tiene también gran dosis de dinámica, con cierta semejanza a un caballo fino. Tiene los rasgos de una iglesia-caballo-de-carreras porque en la asamblea hay individuos que le imprimen dirección, impulso, carisma, atractivo, emoción y liderazgo. Pero, como un burro, se mantiene en su tarea.

Sin embargo, para llevar esta analogía un paso más adelante, no podemos olvidar la principal desventaja: una mula es estéril. No se puede reproducir. Tal vez eso explique un fenómeno frustrante que se da con frecuencia. Cuando uno se da cuenta de que forma parte de una "iglesia-mula" con increíble crecimiento, energía, impulso, emoción y visión, uno quisiera comenzar otra iglesia igual. Pero parece que no se puede lograr ese mismo impulso en otro lugar; ni siquiera en caso de que algunos de los principales miembros estén dispuestos a salir y comenzar otra iglesia.

Entonces viene la pregunta: ¿por qué? ¿Por qué una persona sigue asistiendo a una iglesia-mula? ¿Por qué tiene tanto magnetismo, y un crecimiento tan sólido y constante? ¿Por qué se mantiene tan sana, y sus miembros soportan todo tipo de dificultades? *¿Qué es lo que la hace tan eficaz?* No puede ser el tamaño. No es la riqueza económica. No es alguna visión sobrenatural diferente de la de cualquier otra iglesia. Y sin duda no es algo que se limite a una personalidad particular, porque con frecuencia hay varios líderes con personalidades persuasivas. Y les puedo asegurar que los que permanecen allí no lo hacen por conveniencia. Sólo el Señor sabe lo incómodo que puede ser el permanecer en una "iglesia-mula".

Pero volvamos al asunto central: ¿Qué es lo que la hace funcionar? Por no encontrar un mejor término, yo creo que es lo que yo llamaría un *estilo de vida contagioso*. Aunque esas palabras pueden parecer un tanto superficiales, yo creo que es la expresión que mejor comunica esta verdad. Parte de su éxito es un poco misterioso. Hay una mezcla intangible que es totalmente eléctrica. Por el poder y el permiso del Espíritu Santo, las cualidades de la grandeza están allí presentes. Es parecido a un hermoso rayo de luna. Uno lo retiene mientras puede, y disfruta de su belleza . . . pero no puede manejarlo. Ese elemento misterioso es algo que uno aprecia, pero sabe que es más grande que cualquier persona o pequeño grupo, por más influyente que éste sea. No puede ser manipulado ni inventado. No es ni transferible ni fácil de definir. Pero cuando uno experimenta la delicia de la unción de Dios, es como si uno sostuviera la respiración y dejara entrar lo prodigioso.

¿Qué queremos decir con un estilo de vida contagioso?

No quiero dejar a nadie sólo con una idea vaga y nebulosa de lo que estoy describiendo. Por eso, recurramos a un ejemplo del primer siglo: la asamblea de los creyentes en Tesalónica. Lo que tengo en mente es la descripción que se nos da en el capítulo segundo de 1 Tesalonicenses.

Puesto que una iglesia es una "familia", concibámosla primeramente como un bebé. Durante su primer año tiene su oleada masiva de crecimiento. La iglesia del primer siglo en su oleada de crecimiento creció en una forma que nunca se volverá a repetir. Hacia fines de ese siglo, la iglesia — la comunidad de los cristianos — estaba compuesta por personas que estaban volviendo el mundo al revés. ¿Quién sabe? Tal vez esa sea la última vez que eso se pueda decir de la iglesia de Jesucristo. Hay algo maravilloso en esa era tan fresca e inocente, cuando había una ausencia de énfasis en la estructura y prácticamente ninguna política eclesiástica. Había pureza y purificación, pero en general predominaba la sencillez. La iglesia primitiva tenía un estilo que rápidamente se volvió tan contagioso, que no era extraño encontrar incluso cristianos jóvenes que estaban dispuestos a morir por su fe.

Algunos de esos creyentes contagiosos vivían en Tesalónica.

En el capítulo segundo de su primera carta a los tesalonicenses, el apóstol Pablo reflexiona sobre las seis a ocho semanas que pasó entre ellos. Cuando usted se percata de que ése fue todo el tiempo que él pudo invertir con los santos de esa localidad, la iglesia parece aún más increíble. Quiero que note ahora que mientras Pablo reflexiona acerca de su ministerio de dos meses en medio de ellos, escribe lo siguiente:

> *Porque vosotros mismos sabéis, hermanos, que nuestra visita a vosotros no resultó vana* (v. 1).

Qué recuerdo tan grandioso para Pablo, y cuán pocas veces puede ser reclamado por los que ejercen hoy el ministerio. Si yo entablara hoy un diálogo con los pastores, pidiéndoles que reflexionaran acerca de iglesias a las que han servido anteriormente, creo que muchos de ellos expresarían el sentimiento de que sus pastorados anteriores lo pasaron en vano. Tal vez ese sea el recuerdo más común que tiene un pastor después de servir a una iglesia. Tal vez su expresión más decepcionante sería: "¡Todo eso fue en vano!"

La palabra *vano* significa "vacío, improductivo, hueco, carente de propósito". Cuando Pablo evoca los grandiosos días que pasó entre los tesalonicenses, recuerda una dinámica y una delicia tal que hace desaparecer todo sentimiento de vacuidad. Él dice: "Nuestra visita a vosotros no resultó vana." ¿No es cierto que es también asombroso?

Al leer esta declaración podríamos sentirnos tentados a pensar que Pablo quiere dar a entender que esa fue una visita fácil. Por el contrario, pues de seguir leyendo la segunda cosa que recuerda es que fue un tiempo muy difícil. Él inmediatamente agrega:

> *Pues habiendo antes padecido y sido ultrajados en Filipos, como sabéis, tuvimos denuedo en nuestro Dios para anunciaros el evangelio de Dios en medio de gran oposición* (v. 2).

Sin duda fueron tiempos duros, y de una vez debemos decir que eso no era algo poco común.

Quienquiera que se familiarice con los detalles de ministerios anteriores descubre que algunas de las iglesias más fuertes de la historia soportaron triunfalmente mucha oposición. Pablo salió de Filipos como un conejo malherido. Pero a pesar de los maltratos y la oposición, se abrió paso para llegar a Tesalónica. Antes de pasar allí dos meses de ministerio, en Filipos lo habían echado a la cárcel junto con Silas. A la medianoche, cuando los dos hombres estaban cantando himnos a Dios, hubo un terremoto, y quedaron libres. Por último, fueron despedidos de aquel lugar. Sin embargo, algunas de las mismas personas que atribularon a Pablo en Filipos lo persiguieron con la esperanza de silenciar su mensaje en la siguiente parada. Para ellos, Pablo era un hombre detestable.

De modo que cuando él llegó a Tesalónica, llegó herido y sangrando. Y cuando ministró allí, lo hizo "en medio de gran oposición". La iglesia de Tesalónica era una congregación joven, criada en medio de la oposición. Aun así, creció . . . sobrevivió . . . ¡y hasta floreció!

Características de un estilo de vida contagioso

Si uno lee un poco más adelante, descubre algunas de las razones por las cuales el apóstol encontró que la iglesia tesalonicense se componía de un grupo de cristianos con un estilo contagioso. Permítanme destacar algunas de sus declaraciones.

Recordemos lo que dijo en el versículo 2:

Tuvimos denuedo en nuestro Dios para anunciaros el evangelio de Dios en medio de gran oposición . . .

Pablo hace una referencia al contenido de su mensaje diciendo que éste es el evangelio de Dios.

En el versículo 4:

Según fuimos aprobados por Dios para que se nos confiase el evangelio, así hablamos; no como para agradar a los hombres, sino a Dios, que prueba nuestros corazones.

Lea ahora el versículo 8:

Tan grande es nuestro afecto por vosotros, que hubiéramos querido entregaros no sólo el evangelio de Dios, sino también nuestras propias vidas; porque habéis llegado a sernos muy queridos.

Lo repite una vez más en el versículo 9:

Porque os acordáis, hermanos, de nuestro trabajo y fatiga; cómo trabajando de noche y de día, para no ser gravosos a ninguno de vosotros, os predicamos el evangelio de Dios.

Y una vez más en el versículo 13:

Por lo cual también nosotros sin cesar damos gracias a Dios, de que cuando recibisteis la palabra de Dios que oísteis de nosotros, la recibisteis no como palabra de hombres, sino según es en realidad, la palabra de Dios, la cual actúa en vosotros los creyentes.

Una y otra vez, cuando se reflexiona acerca de la iglesia de Tesalónica, Pablo menciona la sustancia del mensaje que él les había predicado. Él predicó el evangelio de Dios.

Eso nos trae a la primera de cuatro características que son parte de una congregación con estilo contagioso. Tiene contenido bíblico. Si usted hubiera estado de visita en medio de la congregación de la antigua Tesalónica, sin duda habría escuchado la proclamación clara y constante de la Palabra de Dios.

Pocas cosas hay tan frustrantes como escuchar semana tras semana las vanas divagaciones de un predicador. Por muy elocuente que sea, y por muy penetrante e inteligente que sea, un pastor con un mensaje que se basa sólo en su propia opinión se desmorona cuando se lo compara con la enseñanza esmerada y la aplicación fiel de la verdad de Dios.

¿Notó usted cuán purificador fue aquel mensaje? Es que su exhortación no provenía del error. Sin lugar a dudas, la exhortación no caerá en el error si verdaderamente se está enseñando la Biblia. "Nuestra exhortación no procedió . . . de impureza" (la Palabra de Dios purifica los motivos y las palabras). Dice Pablo que su exhortación tampoco procedió "de error". La Palabra de Dios le arranca el corazón a la hipocresía. No puede ser engañosa y al mismo tiempo verdaderamente bíblica.

Sino que según fuimos aprobados por Dios para que se nos confiase el evangelio, así hablamos; no como para agradar a los hombres, sino a Dios, que prueba nuestros corazones (v. 4).

Me deleita esa clase de franqueza tan confiada. Cuanto más use usted las Escrituras, tanto menos se preocupará por agradarles a los demás. Cuanto más se interese por presentar lo que ha dicho Dios en su Palabra, tanto menos le importarán las opiniones humanas. Un pastor que ha caído en la adulación se ha desviado de un énfasis adecuado en la Biblia. Que me muestren un pastor que le dice a su congregación lo que ellos *quieren* oír, y yo les demostraré cómo ese hombre ha dejado de exponer la Palabra. Cuando usted, como pastor o maestro, se compromete de lleno con la Palabra de Dios, encontrará que les pone cada vez menos atención tanto a las caricias como a los ataques provenientes de los demás.

Pocas personas dan un ejemplo tan coherente de esto como el ministro inglés John R. W. Stott. En su potente librito *The Preacher's Portrait* [Retrato del predicador], que tiene un mensaje poderoso, aborda el asunto de la importancia de mantener un sólido contenido bíblico en nuestro ministerio:

> No basta con que el predicador conozca la Palabra de Dios: debe conocer a la gente a quien se la está proclamando. No debe, desde luego, falsificar la Palabra de Dios con el fin de hacerla más atractiva. No puede diluir la amarga medicina de las Escrituras para hacerla más dulce al paladar. Pero sí puede tratar de presentársela a la gente de un modo tal que les ayude a gustar de ella. En primer lugar, la simplificará . . . . El predicador expositor es un constructor de puentes, que procura franquear la brecha entre la Palabra de Dios y la mente del hombre. Debe hacer el máximo esfuerzo por interpretar las Escrituras con precisión y sencillez, y por aplicarla con tal vigor que la verdad cruce el puente.[15]

Un poco más adelante dice que la autoridad del predicador no reside en él mismo, sino en el Libro que proclama. Muchas veces hemos oído a Billy Graham repetir la siguiente declaración en sus mensajes: "La Biblia dice . . . la Biblia dice . . . la Biblia dice." En todas partes del mundo, él ha estado proclamando: "La Biblia dice." Y allí estriba la autoridad del evangelista.

Como dice Stott: "En el sermón ideal es la Palabra misma la que habla, o más bien es Dios en su Palabra y por medio de ella. Cuanto menos se interponga el predicador entre la Palabra y los que la oyen, mejor."[16]

Cuando uno sale al terminar un culto de adoración que ha incluido un tiempo significativo de instrucción bíblica, debe salir ante todo con la certeza de lo que Dios ha dicho en su Palabra, y en segundo lugar con la certeza de lo que uno debe hacer al respecto. Las opiniones variables y los intereses vacilantes del predicador son secundarios al texto bíblico. Una iglesia con un estilo contagioso es una congregación con contenido bíblico.

En segundo lugar esta congregación con estilo contagioso es también *auténtica en su naturaleza*. Así lo dice Pablo al declarar:

> *Porque nunca usamos de palabras lisonjeras, como sabéis, ni encubrimos avaricia; Dios es testigo; ni buscamos gloria de los hombres; ni de vosotros, ni de otros,*

aunque podíamos seros carga como apóstoles de Cristo (vv. 5-6).

Repase con mucho cuidado esos dos versículos. Léalos otra vez. Es claro que el énfasis pasa del mensaje (vv. 1-4) al mensajero (vv. 5-6). Lo que él dice es, en realidad: "Mi presentación fue auténtica. No llegué halagando a todo el mundo con adulaciones. No ministré con un plan oculto de codicia material. Y ciertamente no busqué recibir gloria de parte de la congregación a la que estaba sirviendo. Tampoco me valí de mi posición privilegiada como apóstol de Cristo." Esas son palabras de una patente autenticidad, del corazón de un verdadero siervo. Y esa clase de autenticidad es contagiosa.

En la iglesia primitiva no había ninguna autoridad más alta que la autoridad apostólica. Los apóstoles tenían dones milagrosos. Fundaban iglesias. A menudo hablaban como verdadero oráculo de Dios. Cuando Pablo ministró en Tesalónica, el Nuevo Testamento no estaba completo y ni siquiera estaba siendo compilado. Las únicas Escrituras existentes eran los rollos del Antiguo Testamento. Para que un apóstol proclamara la verdad real y pertinente de parte de Dios, recibía una inspiración especial de modo que hablaba *ex cathedra*, declarando sin error el mensaje mismo de Dios. Esa posición tan privilegiada era poco común, y por lo tanto era altamente respetada. A la luz de esa realidad, el comentario de Pablo resulta mucho más significativo. Él se negaba a aprovecharse de los demás, y a esperar que lo trataran como a un rey a causa del papel de tanta autoridad que desempeñaba en la iglesia primitiva.

Mientras examinamos la cuestión de la autenticidad, Dios nos guarde de pasar por alto algo que Pablo les escribió posteriormente a los cristianos de Corinto. Hablando de ser auténticos, recordemos estas palabras:

> *Así que, hermanos, cuando fui a vosotros para anunciaros el testimonio de Dios, no fui con excelencia de palabras o de sabiduría. Pues me propuse no saber entre vosotros cosa alguna sino a Jesucristo, y a éste crucificado. Y estuve entre vosotros con debilidad, y mucho temor y temblor; y ni mi palabra ni mi predicación fue*

con palabras persuasivas de humana sabiduría, sino
con demostración del Espíritu y de poder, para que
vuestra fe no esté fundada en la sabiduría de los
hombres, sino en el poder de Dios (1 Corintios 2:1-5).

La autenticidad se da cuando las personas verdaderas dicen
cosas verdaderas acerca de asuntos verdaderos, con sentimientos verdaderos. No hay palabrerías pomposas, no hay doblez de
lenguaje, no hay palabras saturadas de religiosidad que suenan
piadosas pero que carecen de apoyo en las acciones. Cuando
uno es auténtico, vive lo que es. Dice la verdad. Admite los
fracasos y las debilidades cuando corresponde. Puedo asegurarle
que, cuando la gente descubre una iglesia que promueve ese tipo
de autenticidad . . . cuando sus líderes dan ejemplo de eso en
forma coherente, las personas no pueden permanecer lejos. Es
como un imán invisible que las atrae.

Una vez vi, en la pared de la oficina del rector de una
universidad, un letrero pequeño pero elocuente colocado en un
marco. Sólo contenía cuatro palabras, pero . . . ¡cuán impresionante era!:

AQUÍ HABLAMOS CON AMABILIDAD.

Quisiera sugerir coloquemos uno similar en los vestíbulos
de las iglesias y en los estudios de los pastores:

AQUÍ MODELAMOS LA AUTENTICIDAD.

Una iglesia que permanece constantemente bíblica en contenido será especial. Eso por sí solo atraerá la atención. Pero
antes que pase mucho tiempo, la gente que llega comenzará a
preguntarse si toda esa buena enseñanza es sólo palabras sin
sustancia. Empezarán a buscar autenticidad y se preguntarán:
¿Es ésta una iglesia que realmente cree lo que dice creer? ¿De
veras llevamos a cabo las estrategias que acordamos en los
camerinos del equipo de fútbol . . . o damos la impresión de ser
un equipo en el momento de las instrucciones y otro equipo
diferente cuando estamos en la cancha?

La tercera característica de una iglesia con un estilo contagioso: es que en su actitud demuestra gracia. Me fascina este
pasaje de 1 Tesalonicenses 2:7-11. Rebosa de gracia.

Antes fuimos tiernos entre vosotros, como la nodriza que cuida con ternura a sus propios hijos. Tan grande es nuestro afecto por vosotros, que hubiéramos querido entregaros no sólo el evangelio de Dios, sino también nuestras propias vidas; porque habéis llegado a sernos muy queridos. Porque os acordáis, hermanos, de nuestro trabajo y fatiga; cómo trabajando de noche y de día, para no ser gravosos a ninguno de vosotros, os predicamos el evangelio de Dios. Vosotros sois testigos, y Dios también, de cuán santa, justa e irreprensiblemente nos comportamos con vosotros los creyentes; así como también sabéis de qué modo, como el padre a sus hijos, exhortábamos y consolábamos a cada uno de vosotros.

Interesante, ¿no es verdad? El pensamiento inicial de esta porción se refiere a la ternura de una madre, y la referencia final habla de la autoridad de un padre. Tome nota de esto.

Esa sencilla observación comunica que la iglesia es una familia, no una empresa. Las empresas no tienen padres y madres; las familias sí. La grey de Dios no es una corporación pública. Claro que está abierta al público, pero la familia en sí es una unidad compuesta por personas que concuerdan en los mismos elementos fundamentales y que hallan gran regocijo en aprender, crecer y compartir esas cosas. Aun así, no es raro que algunos en la familia se sientan incómodos y luchen con algunas cosas. Puede ser que les falte paz interior. Surge la pregunta: ¿Cómo tratamos con las personas que están luchando? ¿Qué clase de espíritu predomina? ¿Recuerda lo que acabamos de ver? En todo ese pasaje lo que leo es gracia. También leo *cariño profundo*. Leo acerca de la bondad, el aliento y la comprensión en el estilo de liderazgo de Pablo.

En lugar de mostrarse rudo y exigente, era gentil y tolerante. En lugar de presentarse como un oficial del ejército, se presentaba como una madre que alimenta tiernamente a su bebé. En lugar de gritar órdenes enérgicas y exigir que todo el mundo se alineara, demostraba un cariño profundo. En efecto, Pablo no sólo daba el evangelio, sino que se daba *él mismo*. En vez de ver la congregación como poco más que bocas abiertas necesitadas de leche y viandas, dice: "Habéis llegado a sernos muy queridos." En vez de aprovecharse, dice: "No quise ser gravoso." En vez de emprender un estilo de vida egoísta, barnizado con una capa de espiritualidad hipócrita, dice: "Cuán santa e irreprensiblemente nos comportamos con vosotros, como el padre con la familia a la que ama."

Es una dicha encontrar en la misma persona el equilibrio de la fortaleza y la gracia. El poeta Carl Sandburg, al describir a Abraham Lincoln, lo llamó "un hombre de acero y de terciopelo". Esas elocuentes palabras las incluyó Sandburg en un discurso que pronunció en 1959, con ocasión del aniversario del nacimiento de Lincoln:

> No es frecuente en la historia de la humanidad que llegue a la tierra un hombre que sea a la vez de acero y de terciopelo, que sea sólido como la roca y suave como la neblina que pasa, que contenga en su corazón y en su mente la paradoja de una terrible tormenta y una paz inefable y perfecta . . .
>
> Mientras ululaban los vientos de la guerra civil, él insistió en que el Mississippi era un solo río hecho para pertenecer a un solo país; que había que hacer avanzar las conexiones del ferrocarril desde el Atlántico hasta el Pacífico . . .
>
> Mientras la guerra retumbaba, estallaba y volvía, mientras los generales fracasaban y las campañas se perdían, él mantuvo congregadas en el Norte las fuerzas suficientes para levantar nuevos ejércitos y aprovisionarlos, hasta que se encontraron generales que hicieran la guerra como se ha hecho siempre la guerra victoriosa, con terror, pavor, destrucción . . . con valor y sacrificio que trascienden el lenguaje humano . . .
>
> En la híbrida vergüenza y culpa de los inmensos errores de dos civilizaciones que chocaban, a menudo sin tener nada que decir, él no decía nada, no dormía en absoluto, y a veces se le veía llorar de tal forma que hacía que el llanto fuera apropiado, decente, majestuoso.[17]

Acero y terciopelo. Una combinación irresistiblemente contagiosa.

Habrá ocasiones en que una iglesia deba ser de acero, y otras en que tenga que ser de terciopelo. Una iglesia que es sólo de acero es rígida, calculadora y dura. Demasiado acero, y su mensaje se convertirá en un puño apretado. Pero una iglesia que es sólo de terciopelo se vuelve demasiado blanda, demasiado tolerante, es un lugar donde se acepta todo y donde falta convicción. Necesitamos tanto el acero como el terciopelo para que exista autenticidad, junto con la gracia, la verdad y el amor. ¡Qué importante es que una iglesia mantenga el equilibrio!

En cuarto y último lugar, una iglesia con un estilo contagioso tiene *un enfoque actualizado.*

> *. . . que anduvieseis como es digno de Dios, que os llamó a su reino y gloria. Por lo cual también nosotros sin cesar damos gracias a Dios, de que cuando recibisteis la palabra de Dios que oísteis de nosotros, la recibisteis no como palabra de hombres, sino según es en realidad, la palabra de Dios, la cual actúa en vosotros los creyentes* (1 Tesalonicenses 2:12,13).

Estas palabras de Pablo describen la actualidad en acción. Muchas iglesias proveen lo que yo acostumbro llamar buenas nuevas para *el hombre del siglo primero.* Pero lo que necesitamos son buenas nuevas para *el hombre de hoy.* Necesitamos un mensaje que tenga en mente los asuntos pertinentes para nuestro tiempo. Necesitamos una aplicación que se enlace con el hoy, no con hace sesenta años, ni hace cuarenta años, ni siquiera hace veinte años. Los miembros de una congregación necesitan la seguridad de que la Biblia toca el corazón de las necesidades de hoy, y que trata los asuntos con los que vivimos en este momento.

Nosotros no *hacemos* que la Biblia sea pertinente; ella *es* pertinente. Nuestra tarea como cristianos es señalar lo pertinente que es en realidad la palabra de Dios.

Y, a propósito, cuando abrazamos esa pertinencia actualizada, nos damos cuenta de lo inexacto que es el dividir las cosas en sagradas y profanas. No es real que el domingo no es sagrado de tal forma que deje del lunes al sábado en la categoría de lo secular. La forma en que usted conduce sus negocios no es menos sagrada que la forma en que conduce su culto a Dios. Cristo y su norma de rectitud penetran todas las áreas de la vida. Cada día es igualmente pertinente y Dios nunca es anticuado.

Cuando ese estilo se hace realidad . . .

Cuando alguien le pregunte: "Oiga, ¿qué clase de iglesia es la suya?", en vez de contestar que "bautista", "presbiteriana", o "carismática", he aquí una excelente respuesta: "Somos una iglesia que es bíblica en su contenido, auténtica en su naturaleza, bondadosa en su actitud y actualizada en su enfoque. Ese es nuestro estilo y la verdad es que usted lo encontrará contagioso."

Cuando ese estilo se hace realidad, ¿qué podemos esperar?

Primero, de Dios podemos esperar que Él honre nuestros esfuerzos a pesar de nuestras debilidades. Segundo, de nosotros mismos *podemos esperar que demos el ejemplo de lo que es ser semejantes a Cristo, como lo eran los cristianos del primer siglo, pero en un estilo del siglo veinte. ¿Y de los demás?* Creo que *podemos esperar que ellos sean parte de la comunión cristiana a pesar de las dificultades.*

Uno de los principales secretos de un estilo contagioso es mantener la perspectiva correcta. Para explicar mejor lo que eso significa vienen a mi mente varios contrastes. Creo que para que nuestras congregaciones tengan ese estilo, debemos:

- Tener más énfasis en el contenido, que en las cosas exteriores.
- Darle más importancia a la profundidad en nuestro conocimiento que al tamaño de la iglesia.
- Tener más interés en enaltecer a Cristo, que a nosotros mismos.
- Tener más conciencia de que la iglesia está hecha de seres humanos con un alma eterna, y no de edificios de hormigón armado.
- Tener más interacción con los no creyentes que están fuera de las paredes de nuestra iglesia, en vez de sólo traerlos adentro de ellas para que oigan acerca de Cristo.
- Deleitarnos en Dios, en vez de énfasis en los deberes que se deben cumplir.

- Tener más autenticidad y menos hipocresía.
- Tener más relaciones significativas y *menos reuniones largas.*

¡Vaya! Creo que de repente dejé de escribir y comencé a entremeterme.

Y ahora . . . ¿qué?

1. Imagínese que usted, como Pablo con los tesalonicenses, tuviera solamente entre seis u ocho semanas para tocar la vida de la gente en su congregación local. Si usted supiera que su tiempo está seriamente limitado, ¿cuáles serían las primeras tres a cinco acciones específicas que usted emprendería para hacer una diferencia a favor de Cristo dentro de ese grupo de personas? Sabiendo que su influencia está realmente *limitada* por el tiempo (Santiago 4:13-17), ¿cuáles de esas acciones va a emprender usted, con la ayuda del Señor, dentro del próximo mes?

2. Anote el pasaje de 1 Corintios 2:1-5 en una tarjeta y colóquelo en algún lugar donde usted sepa que lo va a ver la próxima vez que se le pida ejercer cualquier tipo de ministerio en el cuerpo de Cristo. Permita que esas palabras le recuerden ser *auténtico* en su servicio. No trate de enmascarar sus debilidades y luchas ni intente oscurecer las verdades de las Escrituras con ciertos clichés religiosos, o con la auto promoción.

3. Repase de nuevo las palabras de Pablo en 1 Tesalonicenses 2:7-11. ¿En qué sentido él actuó como una madre con la iglesia? ¿En qué sentido se portó como un padre? ¿Cuáles son varias formas en que usted puede aplicar esta tierna verdad a su propio ministerio dentro de la familia de Dios? Sea específico.

CÁPITULO 5

LA DIFERENCIA ENTRE UNA MENTALIDAD DE METRÓPOLI Y UNA MENTALIDAD DE VECINDARIO

Las iglesias grandes no gozan hoy de buena fama. Especialmente en esta generación, solamente por su tamaño algunos lugares de culto son vistos con sospecha. Esto me parece bastante curioso, puesto que no parece ocurrir lo mismo en otras áreas de la vida.

Por ejemplo, en lo que a los hogares se refiere, las familias por el solo hecho de ser grandes no son miradas con suspicacia. Al contrario, por lo general es la familia numerosa y feliz la que constituye la envidia del vecindario. Por ejemplo, si todos los miembros de una familia grande se reúnen en un parque de la ciudad, sin duda atraerá miradas de admiración, aunque las personas no lo digan. Las familias grandes, en vez de ser vistas críticamente, suelen ser envidiadas.

En el mundo comercial, lo grande ciertamente no es considerado malo. Yo me he dado cuenta, por ejemplo que en temporada de Navidad, los almacenes más grandes y los enormes centros comerciales son los lugares más populares para hacer compras pues generalmente es allí donde es más factible encontrar los regalos que andamos buscando. Parece que la mayoría de la gente piensa que las tiendas grandes y los centros comerciales tienen un mejor surtido, son más eficientes, y probablemente ofrecen precios más bajos que las tiendas particulares pequeñas.

Algo parecido ocurre con las grandes empresas. Esas son las que parecen tener el dinero, el interés y el personal necesario para hacer las investigaciones y establecer las normas de adelanto que esperamos que tengan las organizaciones de calidad.

Lo mismo se pudiera decir de quienes eligen una universidad donde cursar sus estudios. Casi nadie, que tiene posibilidad de escoger dónde obtener un título superior, va a elegir una institución con veintitrés estudiantes y tres profesores, dos de ellos a tiempo parcial. Quien puede elegir probablemente escogerá una universidad más grande y respetada, cuyo título goza de prestigio, cuyos profesores han publicado libros, y que ha establecido una gran credibilidad.

Lamentablemente por alguna razón ese modo de pensar deja de funcionar en la mente de muchas personas cuando se trata de iglesias. Si una iglesia se vuelve grande, antes que usted se dé cuenta ésta será mirada con suspicacia, incluso por sus propios hermanos en Cristo. Espero no dar la impresión de ser severo o defensivo. En más de una oportunidad, cuando yo era pastor de una iglesita de barrio, suspiraba cuando alguno de mis amigos cristianos o colegas pastores criticaban a una iglesia grande del centro de la ciudad. A algunos de ellos les parecía que una iglesia grande no era más que el pretexto para que consolide la ambición personal de algún predicador. Yo no pensaba así, y muchas veces a mí me parecía que esa iglesia grande era otro testimonio muy peculiar que Dios estaba usando grandemente. Yo tengo muchos defectos, pero no sé por qué la envidia nunca ha sido una de mis luchas. El hecho de que otro ministerio fuera grande y el lugar donde yo trabajaba era pequeño, nunca (repito, *nunca*) me provocó desacreditar a la iglesia grande.

Pero veo que no es así para muchos cristianos. Ni siquiera para un buen número de ministros y hasta es posible que usted esté cayendo en la trampa de juzgar mal a un ministerio sólo por su gran tamaño. Lo que realmente me hace sonreír en lo que se refiere al tamaño de iglesias es que el primer cuadro de una iglesia que se halla en la Biblia, el registro más antiguo que tenemos, no es precisamente el de la pequeña iglesita de campo. Tengo entendido que, para que la primera iglesia pudiera seguir existiendo, tuvieron que dividirse en grupos más pequeños porque simplemente no tenían edificios donde reunirse. Ellos no tenían un personal de empleados de la iglesia, y muchos menos reglamentos o constitución eclesiástica. Pero lo que me hace sonreír acerca de ese retrato primitivo de la iglesia es su enorme tamaño. Inmediatamente después que Pedro predicó aquel mensaje dinámico con el poder del Espíritu Santo, Dios vino sobre un grupo de gente que era como una muchedumbre en medio de las calles de Jerusalén. Según Hechos 2:41, Pedro fue el evangelista que Dios usó para presentarles a todas esas personas la buena noticia del evangelio de Cristo. Dice que *los que recibieron su palabra fueron bautizados.*

Es evidente que éste es el primer ejemplo de un grupo de pecadores convertidos en la era del Nuevo Testamento.

> *Y se añadieron aquel día [no se sorprenda] como tres mil personas.*

Tres mil pecadores nuevecitos entraron de repente en la familia de Dios. Trate de imaginárselo. Existió un crecimiento instantáneo y nació una iglesia de tres mil miembros. Es suficiente para hacerles agua la boca a los expertos en iglecrecimiento.

Pero eso no es el final; más bien es sólo el principio. El último versículo de Hechos 2 dice que esas personas no sólo se relacionaban entre sí armoniosamente, sino que su número seguía creciendo:

> *[Tenían] favor con todo el pueblo. Y el Señor añadía cada día a la iglesia los que habían de ser salvos.*

Dios no llegó a un punto en que dijera: "Hombre, ya esto es suficientemente grande. En realidad, demasiado grande. No van a poder seguir siendo eficaces si crecen así de rápido. Dios no dijo: "¡Ninguna iglesia debe ser tan grande!" No, por supuesto que no. Más bien Dios dijo: "Voy a multiplicar su número."

Poco tiempo después, todavía en el mismo lugar geográfico, ese mismo grupo de creyentes todavían no tenían un edificio, ni tampoco tenían lo que nosotros llamaríamos personal suficiente, mientras los apóstoles seguían ministrando en medio de ellos.

> *Pero muchos de los que habían oído la palabra, creyeron; y el número de los varones era [¡ponga atención a este número!] como cinco mil* (Hechos 4:4).

Tal vez usted se sienta inclinado a pensar que como este crecimiento ocurría en el primer siglo, y como Dios mismo estaba dirigiendo esa obra con su poderosa presencia, ellos no tenían los problemas que la gente tiene en las iglesias de hoy. Pero está equivocado. Lea a continuación Hechos 6:1-4. ¿Se está usted preguntando si ellos tenían problemas como los nuestros? ¿Está usted poniendo en duda que existieron quejas entonces como las hay ahora? Mientras la iglesia iba creciendo, mientras los números iban aumentando, mientras Dios estaba bendiciendo y dirigiendo todo eso mire lo que ocurría.

> *En aquellos días, como creciera el número de los discípulos, hubo murmuración de los griegos contra los hebreos, de que las viudas de aquéllos eran desatendidas en la distribución diaria* (6:1).

Tengo que sonreírme mientras leo esas palabras, no porque me agrade que algunas mujeres fueran desatendidas, sino porque comprendo las quejas que surgen dentro de la congregación. Probablemente había algunas personas dentro de la congregación que estaban diciendo: "Esto no es justo. Por lo visto esos hombres que están al mando no están interesados. Y se nota que existe falta de compasión. Necesitamos hacer algo al respecto. ¿Por qué no se ocupan en servirles a esas señoras los alimentos que necesitan? ¡Ellas tienen hambre!"

La necesidad que ellos estaban señalando era legítima, cosa que el liderazgo reconoció. Observe su reacción:

> *Entonces los doce [o sea la plana mayor, los apóstoles] convocaron a la multitud de los discípulos . . .* (6:2a).

No sé si es que convocaron una especie de reunión administrativa o qué. (Si fue así, probablemente sólo se presentaron algunos centenares. ¡Ni siquiera sé dónde podían reunirse!) Pero la cosa es que reunieron a un grupo y dijeron:

No es justo que nosotros dejemos la palabra de Dios, para servir a las mesas (v. 2b).

Eso realmente es valentía, pues conozco pastores a quienes los han despedido por decir cosas así. Siga usted leyendo, si se atreve:

Buscad, pues, hermanos, de entre vosotros a siete varones de buen testimonio, llenos del Espíritu Santo y de sabiduría, a quienes [nosotros, los doce] encarguemos de este trabajo (v. 3).

¿Sabe usted lo que implican esas palabras? "Nosotros queremos satisfacer las necesidades de esas personas que no están recibiendo alimento." Y en aquellos días, el no recibir alimento era cuestión de sobrevivencia diaria y no simplemente de quedarse sin una golosina tarde en la noche. La iglesia ayudaba a alimentar a quienes verdaderamente pasaban hambre. La necesidad era genuina. Pero lo que los apóstoles dijeron equivalía a esto: "Nosotros no vamos a descuidar nuestras prioridades principales para buscar recetas, preparar comidas, lavar los platos y atender a los que tienen hambre. No señores; ustedes son los que tienen que encargarse de eso. Y mientras ustedes hacen eso, nosotros permaneceremos cumpliendo nuestras responsabilidades explícitas."
Por eso ellos dicen:

Y nosotros persistiremos en la oración y en el ministerio de la palabra (6:4).

¿Recuerda usted la lista que le di en el capítulo 2? ¿Puede recordar la séptima declaración de esa lista? *Allí dije que las herramientas del ministerio son la oración y la Palabra de Dios.* Eso es precisamente a lo que se refieren aquí los apóstoles.

Ahora permítame hacerle una pregunta muy directa. ¿Cuán dispuesto hubiera estado usted a recibir esa declaración si el personal pastoral de su iglesia hubiera presentado esa solución, y peor aún, si su propia madre, o su hermana viuda estaban entre las mujeres que pasaban hambre? Ni siquiera puedo imaginarme los sentimientos que algunos tendrían en nuestros días. Posiblemente algunos pondrían en duda la disponibilidad, la compasión, incluso el nivel de interés de los líderes, y no les agradaría pensar que sus líderes se encierren en sus habitaciones para buscar el rostro de Dios y para escudriñar las Escrituras en busca de respuestas y dirección.

Sin embargo, el punto es claro: los apóstoles mantuvieron su prioridad principal. No podemos equivocarnos al respecto; ellos buscaron formas de lograr que los necesitados fueran atendidos. Pero *ellos mismos* siguieron cumpliendo las tareas esenciales, es decir, proveyendo de la nutrición espiritual para que los santos se encarguen de la obra del ministerio.

Yo quiero instarlo a que no sea tan suspicaz respecto al tamaño, ni a operar bajo la impresión de que la iglesia grande de nuestros días es un fenómeno recientemente generado por los medios de comunicación electrónicos. Debo admitir que puede haber algunas excepciones en que las iglesias grandes son poco más que estudios de burocracia religiosa, o en que giran en torno al frágil ego de un pastor inseguro. Por supuesto que esos lugares existen. Pero a lo largo de los años, Dios ha escogido muchos lugares de culto que no sólo son grandes, sino que también son usados grandemente por Dios.

Los ministerios metropolitanos: ni nuevos ni novedosos

Le invito a que hagamos una breve reseña histórica. Por razones de espacio y tiempo, sólo me voy a remontar un par de siglos y voy a limitar mis observaciones a Inglaterra, para luego cruzar el Atlántico y llegar a los Estados Unidos. Espero que ese breve viaje por el túnel del tiempo sirva como una llamada para hacernos despertar a la realidad de que Dios ha bendecido y usado los ministerios metropolitanos durante décadas.

La Capilla de Carr's Lane, en Birmingham, Inglaterra, era pastoreada por un hombre famoso. El lugar no era muy atractivo; era un ministerio urbano en un sitio lleno de aire contaminado, muy parecido a lo que uno pudiera ver hoy en el centro de Nueva York, o en Tokio o en Los Ángeles. El hombre se llamaba R. W. Dale. Fue pastor de esa iglesia durante treinta y seis años. La iglesia llegó a ser grande e imponente. Después de él vino John Henry Jowett, quien posteriormente llegó a los Estados Unidos y continuó marcando un nuevo ritmo en la fuerte predicación expositiva.

La Iglesia de San Pablo era otra de renombre. Su pastor era el igualmente famoso Henry Liddon, bendecido por Dios como lo habían sido Dale y Jowett. En Manchester, Alexander Maclaren pasó cuarenta y cinco años en la gran Capilla de la Unión. Alexander Whyte sirvió durante cuarenta y siete años en la Iglesia Libre de San Jorge en Edimburgo, Escocia . . . otra obra de Dios de gran tamaño.

No podríamos omitir a Joseph Parker, cuyo gran Templo de la Ciudad era conocido en Londres como el lugar público de culto, segundo en tamaño después del famoso Tabernáculo Metropolitano que pastoreaba el versátil, elocuente — y yo añadiría que controversial — Charles Haddon Spurgeon, quien sin tener mucha edad llenó aquella casa de oración donde había seis mil asientos. Uno de sus biógrafos afirma que la gente esperaba en la nieve a que se abrieran las puertas del Tabernáculo, de lo ansiosos que estaban de escuchar a Spurgeon predicar. Claro que actualmente se ha inmortalizado, pero en aquellos días se lanzaron contra él grandes críticas. Muchos se dieron cuenta, *a posteriori, del profeta tan prolífico que había sido. Es asombroso lo que puede hacer la muerte por un predicador eficiente y poderoso.*

Francamente, a veces yo siento que soy como un excéntrico en el ministerio de hoy. Me parece que soy un poco innovador, o creativo, o "diferente" . . . pero luego estudio a algunos de aquellos grandes hombres y me doy cuenta de que, en comparación con ellos, soy bastante convencional. A Spurgeon, por ejemplo, se le criticaba continuamente por su uso del tabaco, pues era un fumador de puros. Cuando alguien lo atacaba verbalmente por ese hábito, él respondía: "Si alguna vez caigo en el exceso, me detendré." Y si le preguntaban: "¿Y qué es un exceso?", contestaba con un guiño: "Fumar poniendo en mi boca dos puros al mismo tiempo."

G. Campbell Morgan era criticado por sus gustos elegantes. Por cierto, fue Morgan quien ministró durante doce años en la gran Capilla de Westminster, en Londres; y después de él llegó D. Martyn Lloyd-Jones, otro famoso expositor. Pero fue Morgan quien rescató esa capilla de la decadencia y el abandono. La gente lo aplaudía por sus penetrantes exposiciones, pero lo criticaba por ser "extravagante". Una vez dijo: "No soy extravagante; simplemente soy caro."

El doctor Morgan vivía bien. Disfrutaba de las cosas bonitas, viajaba en los autos más finos, vivía en lugares elegantes. Y cuando predicaba fuera de su propio púlpito, recibía honorarios cuantiosos, cosa por la cual fue criticado en su tiempo. Por cierto, quien establecía la cifra no era el propio Morgan sino un compañero de ministerio (tal vez fue uno de los primeros agentes, no lo sé).

En los Estados Unidos debemos mencionar a George W. Truett, bien conocido por su labor en la enorme Primera Iglesia Bautista en el centro de Dallas, Texas. Después de él vino W. A. Criswell, bajo cuyo ministerio esa iglesia se ha vuelto muy grande. Debo mencionar también a Dwight L. Moody, quien les predicaba a seis mil personas en un tabernáculo (lo llamaban "capilla") en Boston.

A mi modo de ver, la Iglesia Park Street de Boston llegó a tener renombre por la participación del difunto Harold J. Ockenga, quien predicó allí durante más de treinta y dos años. En cierta época de su ministerio fungió como presidente del Seminario Teológico Fuller en Pasadena, California, mientras pastoreaba la Iglesia Park Street en Boston. Él era un individuo asombroso.

No podríamos omitir la famosa Iglesia Memorial Moody en Chicago, donde predicaba H. A. Ironside. Ni la Cuarta Iglesia Memorial Presbiteriana, donde Dick Halverson fue pastor hasta ser nombrado capellán del Senado. Y hablando del capellán del Senado, la Iglesia Presbiteriana Nacional fue un ministerio metropolitano bendecido por Dios bajo el liderazgo del difunto Peter Marshall, cuyo nombre y estilo son legendarios hasta hoy. Y no olvidemos la Décima Iglesia Presbiteriana en Filadelfia, donde el grandioso Doland Barnhouse ministró tan eficazmente durante treinta y tres años, lugar que ocupa ahora James Montgomery Boice.

La Iglesia de la Puerta Abierta en el centro de Los Ángeles, otra iglesia grande, ha tenido siete pastores. Quizás los más conocidos fueron R. A. Torrey, Louis T. Talbot, y J. Vernon McGee. ¡Qué gran impacto ha causado ese lugar en favor de la causa de Cristo! Muchos de mis mentores espirituales dieron sus primeros pasos en la Iglesia de la Puerta Abierta, cuando estaba ubicada en el corazón de Los Ángeles cerca de la Plaza Pershing. Debo mencionar también la Iglesia Presbiteriana de Hollywood. Hay tantísimas otras en el Sur y el Medio Oeste del país, que mi lista lamentablemente se queda corta. Y eso que no me he tomado el tiempo para incluir ni a una de las mayores iglesias carismáticas que han sido usadas por Dios en forma poderosa en esta generación y en las anteriores, ni he tenido espacio para mencionar a muchos de los fuertes ministerios bautistas, presbiterianos, metodistas o independientes en todas partes de los Estados Unidos.

Pero mi punto ha quedado claro: las iglesias metropolitanas han estado en escena durante décadas (y lo seguirán estando), y la mayoría de ellas han ejercido, sin lugar a dudas, un impacto que es para bien. No obstante, a pesar de su aporte en el establecimiento de corrientes innovadoras, y a pesar de que han atraído a mucha otra gente a sumarse a otras iglesias de la misma denominación, las iglesias grandes siguen siendo vistas en forma negativa, sobre todo en la presente generación.

No es simplemente el tamaño lo que provoca sospechas; a menudo es más bien su rápido crecimiento. Cuando el crecimiento es lento y constante, nadie se pone nervioso. Pero cuando es repentino e inesperado, muchos se sienten incómodos.

Todo eso me hace recordar una analogía de una escena familiar que pudiéramos imaginar. Supongamos que una pareja ha estado casada por seis o siete años, tiempo durante el cual no han tenido hijos. Pero un día descubren con alegría que van a tener un bebé, un varoncito. Y después de un año más tienen una niña. ¿Me entiende usted? Durante años vivieron juntos en relativa calma y en existencia pacífica. Y en eso, en lo que parece ser sólo unos cuantos meses, se han vuelto padres de dos bebés sumamente activos. La vida prosigue durante cuatro meses, y luego una noche, mientras están sentados junto a la chimenea, la madre fatigada le dice a su cansado esposo: "¡Adivina qué! Estoy embarazada. Y por cierto, querido . . . el médico dice que escucha latir *dos* corazoncitos." Pasan varios meses y llegan ¡gemelos! Y como si eso fuera poco, después de que han pasado sólo unos meses después del nacimiento de los gemelos, descubren que van a tener trillizos.

¡Imagínese! Siete niños en un lapso de tiempo increíblemente breve. Créame que la vida nunca será igual en ese pequeño apartamento con siete criaturas (la mayoría de ellas aún con pañales). Seguramente la paz y la tranquilidad habrán quedado atrás. ¡Qué diferente cuando sólo eran mamá y papá, y en su equipo de sonido escuchaban la suave melodía del himno "Dulce oración"!

Lo mismo pasa cuando por la dirección divina y no por la manipulación de un ególatra una iglesia experimenta un crecimiento explosivo. Es allí cuando uno se pregunta: ¿Qué debo hacer? ¿Cuáles son los principios necesarios para hacer que el ministerio siga siendo eficaz? Quisiera que nos pongamos dolorosamente prácticos y analicemos lo que debemos hacer para seguir siendo eficaces.

Principios eternos para mantener la eficacia

En el Antiguo Testamento tenemos un maravilloso retrato de un hombre a quien voy a llamar el pastor principal de la Iglesia Bíblica del Desierto. Se llama Moisés. ¡Qué ministro tan insólito! Usted nunca lo habría escogido si hubiera sido parte del comité de encargado de buscar al pastor para esta "iglesia" tan singular. Para empezar, el lugar donde debe ejercer su ministerio es una iglesia poco usual debido a su tamaño: son unos dos millones, con unos millares de más o de menos. Además, su historial es dudoso. Mató a un hombre. Y además este candidato no tiene ningún registro impresionante en los últimos cuarenta años de su vida . . . lo que además saca a la luz el asunto de la edad. Ahora tiene *ochenta años*, lo cual ciertamente no es la edad ideal para un hombre que debe pastorear a tanta gente sin personal pastoral. ¡Y aún más, sin tener un edificio!

Este personaje durante las últimas cuatro décadas ha trabajado para su suegro Jetro apacentando ovejas, lo cual es casi lo único que podríamos señalar que remotamente lo haya preparado para dirigir a esta numerosa congregación. Y creo que no mencioné todavía su problema para hablar, pues además de su avanzada edad y un mal currículum que le quita puntos, el hombre *tartamudea*. Querido Moisés . . . ¡qué reto!

Sin previo aviso, una zarza se prende fuego y no deja de arder, ni tampoco se consume. El pastor de ochenta años se queda mirando con incredulidad, hasta que oye que se pronuncia su nombre. Entiéndase que él no tenía ni la más mínima noción de que alguna vez iba a ser llamado a ser parte de un plan de acción divino. Él ha sido reducido a la nada. De modo que no tiene nada que ofrecer más que su carácter. Creo que todavía nosotros nos habríamos quedado muy impresionados con él. Contrario a la opinión popular del siglo veinte, él no se parecía al actor Charlton Heston, ni tampoco tenía el físico de Rambo. Moisés, para decirlo sencillamente, era un octogenario en bancarrota que no quería aceptar ese empleo. A regañadientes, y después de una larga discusión, finalmente lo toma. Prácticamente de la noche a la mañana, se convierte en el "pastor" de dos millones de almas pendencieras que acaban de ser liberadas de la esclavitud.

La historia que tengo en mente y que quiero que se imagine comienza con una visita. Para seguir adelante con mi analogía, este anciano pastor principal pasa un rato con un consultor llamado Jetro, quien por casualidad es su suegro. Es un encuentro agradable, lleno de una cálida hospitalidad. Éxodo 18 registra la escena:

> *Y Moisés contó a su suegro todas las cosas que Jehová había hecho a Faraón y a los egipcios por amor de Israel, y todo el trabajo que habían pasado en el camino, y cómo los había librado Jehová* (v. 8).

¿Puede usted imaginarse la gran emoción en el relato de Moisés?

— Permítame contarle lo que ha hecho Dios. Escúcheme, don Jetro, usted no me creería lo del Mar Rojo. ¡Es tan asombroso que a mí mismo me cuesta creerlo! Yo simplemente dije: 'Quédense quietos y contemplen la liberación que realiza el Señor', y ¡buum! las aguas se retiraron, el lecho del mar quedó seco, y nosotros lo cruzamos *a pie. De repente, cuando todos miramos atrás, ¡los egipcios estaban destruidos!*

Jetro se acaricia la barba, y comenta:

— ¡Vaya! Sí, lo creo. Es fabuloso tu relato.

> *Y se alegró Jetro de todo el bien que Jehová había hecho a Israel, al haberlo librado de mano de los egipcios. Y Jetro dijo: Bendito sea Jehová, que os libró de mano de los egipcios, y de la mano de Faraón, y que libró al pueblo*

de la mano de los egipcios. Ahora conozco que Jehová es más grande que todos los dioses; porque en lo que se ensoberbecieron prevaleció contra ellos. Y tomó Jetro, suegro de Moisés, holocaustos y sacrificios para Dios; y vino Aarón y todos los ancianos de Israel para comer con el suegro de Moisés delante de Dios (vv. 9-12).

Al concluir el día, disfrutaron juntos de una estrecha comunión. La noche les trajo a los dos el descanso que tanto necesitaban. Pero al día siguiente, las cosas cambiaron.

Aconteció que al día siguiente se sentó Moisés a juzgar al pueblo; y el pueblo estuvo delante de Moisés desde la mañana hasta la tarde. Viendo el suegro de Moisés todo lo que él hacía con el pueblo, dijo: ¿Qué es esto que haces tú con el pueblo? ¿Por qué te sientas tú solo, y todo el pueblo está delante de ti desde la mañana hasta la tarde? (vv. 13-14).

Como buen consultor, Jetro no da inmediatamente las respuestas. Más bien hace preguntas: "¿Qué es lo que pasa? ¿Por qué estás haciendo todo esto tú solo?" Espero que usted tenga subrayada en su Biblia la palabra *"solo"* porque es muy importante.

Fijémonos ahora en la humilde y sincera respuesta de Moisés:

Y Moisés respondió a su suegro: Porque el pueblo viene a mí para consultar a Dios (v. 15).

Pareciera que Moisés está diciendo:

"Ese es mi trabajo, señor. ¿Cómo puedo yo tener derecho de presentarme ante mi Señor al final del día y decirle: 'Hoy he ministrado en tu nombre', si no le ayudo a toda esa gente con todas sus necesidades?"

Le ruego que no critiquemos a Moisés. Él está haciendo lo mejor que sabe. Está haciendo lo que siempre ha hecho. Es un estilo de liderazgo característico de una organización de "vecindario": un estilo que todavía es común en la mayoría de los ministerios de hoy, incluso en las iglesias grandes. A Moisés jamás se le ocurrió hacer algo para aliviar la carga de trabajo. La noción de delegación no formaba parte de su vocabulario.

Entonces el suegro de Moisés le dijo: No está bien lo que haces.

(En hebreo esa oración es muy enfática, pues efectivamente las primeras palabras son "No bueno"; literalmente el énfasis está en la calificación de la acción. Dice: "No es bueno esto que haces.")

Desfallecerás del todo, tú, y también este pueblo que está contigo; porque el trabajo es demasiado pesado para ti; no podrás hacerlo tú solo (vv. 17-18).

El término hebreo que se traduce "desfallecerás del todo" transmite la idea de envejecer y agotarse. Hoy diríamos: "Escucha, hijo, si sigues a este ritmo te vas a morir antes de tiempo. Apenas tienes ochenta años (¡!). Todavía te quedan muchísimos buenos años por delante."

Hay algo más que no debe pasarse por alto en este sincero reproche de Jetro: la segunda parte de su exhortación cuando le dice que lo que estaba haciendo era agotador también para la gente. Se van a desgastar de esperar que Moisés les ayude.

¿Cuántos pastores, cuántos administradores, cuántos rectores de instituciones académicas, cuántos excelentes hombres y mujeres cristianos, ejecutivos principales de organizaciones religiosas y líderes eclesiásticos están tratando de hacerlo todo ellos solos? ¡Sin duda más de lo que podemos imaginarnos! Y para empeorar las cosas, las congregaciones y los funcionarios relacionados con ellos se lo están permitiendo. A propósito, gran parte de esto se aplica de la misma manera a una iglesia de doscientas que a una de dos mil personas.

Me gusta la forma como Jetro interviene en el siguiente versículo. "Ahora escúchame", le dice (suena como un suegro, ¿verdad?). Jetro no le lanza piedras a Moisés para verlo sangrar. Más bien le ofrece un consejo sabio, que sí es posible llevar a la práctica.

Oye ahora mi voz; yo te aconsejaré, y Dios estará contigo. Está tú por el pueblo delante de Dios, y somete tú los asuntos a Dios (v. 19).

Esta declaración me encanta. No estoy sugiriendo que usted se desentienda, se dedique a hacer deporte cuatro días por semana, deje todo en compás de espera y se esconda hasta ya avanzada la noche del sábado. Lo ideal para el pastor principal de una iglesia no es que se aleje tanto que llegue a estar impedido de saber lo que está sucediendo. Lo que tiene que establecer son sus *prioridades*. Jetro dice: "Tú encárgate de representar las necesidades del pueblo ante el Dios vivo." Pero no se detiene allí:

> *Y enseña a ellos las ordenanzas y las leyes, y muéstrales el camino por donde deben andar, y lo que han de hacer* (v. 20).

"Háblales, Moisés. Enséñales. Dales a conocer la verdad. Y cuando lo hayas hecho, enséñales más, y más, y más." En efecto, el último libro de la Ley, escrito por Moisés, no es otra cosa que enseñanza . . . sermón tras sermón. El libro se llama Deuteronomio, que significa "repetición de la Ley". Moisés recorre una y otra vez el mismo terreno. Le está enseñando al pueblo, tal como Jetro lo instó a hacerlo.

Cuando un líder (en esto incluye a los pastores) se mete con demasiado detalle en los detalles de la organización, deja de comunicarse. Tal vez usted sea un ministro y se encuentre actualmente en ese apuro. Usted está muy involucrado. Usted conoce todos los detalles; más de la cuenta, en realidad. Cuando usted está bien familiarizado con las quejas de cada individuo y repite mentalmente todas las expectativas que ellos tienen, el resultado es trágico. Su liderazgo ha quedado ahora reducido a manejar todos los botones, engranajes y poleas. Usted es el hombre de las respuestas, el que hace los mandados, el esclavo de la congregación. Pero el problema es que usted no está actuando realmente como *líder*. En realidad, hace ya meses que usted no ha tenido ni una sola idea creativa. Tal vez hasta ha dejado de soñar. Su mundo consiste en apagar incendios. Se ha convertido en un administrador de detalles, pero en realidad no es un líder.

Según un artículo en un número reciente del periódico *The Wall Street Journal*, cuando Benno Schmidt., Jr., asumió la presidencia de la Universidad de Yale, expresó cierto temor respecto a lo ocupado de su trabajo. Dijo: "Si no puedo poner los pies sobre el escritorio y mirar por la ventana y pensar sin tener una agenda, tal vez yo sea el *gerente* de Yale, pero no seré su *líder*."

Ese es un comentario penetrante (y, yo añadiría que trae convicción) que todo pastor debiera recordar. Ser gerente es una cosa, ser líder es otra, y lo que las iglesias necesitan son líderes.

"Moisés, tienes que acercarte a Dios. Tienes que escuchar la voz de Dios y comunicar su verdad. Aunque algunos te supliquen que les des un poco de tiempo, limítate a decir que no. Dilo hasta que entiendan que eso se va a delegar a otras personas igualmente calificadas que tienen dones parecidos, más tiempo, y las suficientes habilidades, tal vez hasta más que tú. ¡Di que no, más y más, Moisés! Los líderes que no saben decir que no, llegan a perder su eficacia."

El Plan "A" que le presenta su suegro es la *comunicación*. Está escrito entre líneas: "Instruye al pueblo en la verdad de Dios. Eso es esencial. No escatimes la enseñanza. Hazlo, Moisés. Hazlo de todo corazón."

Pero eso no era todo lo que tenía que decirle.

Además escoge tú de entre todo el pueblo varones de virtud, temerosos de Dios, varones de verdad, que aborrezcan la avaricia; y ponlos sobre el pueblo por jefes de millares, de centenas, de cincuenta y de diez (v. 21).

El Plan "B" es la *delegación*. Distribuye la carga de trabajo, pero no a cualquier persona. Busca personas de calidad que puedan encargarse de un millar, y dales el grupo más grande. Luego encuentra a los que pueden dirigir centenas, y dales un grupo menor. Encuentra a los que pueden dirigir grupos de cincuenta y ponlos frente a ese número. Encuentra a los que pueden encargarse de diez, y dales el grupo más pequeño. Que todos pongan en ejercicio sus dones, su tiempo, su energía y su sabiduría con esos grupos. Que ellos lo hagan; no te metas tú a hacerlo en su lugar.

Ellos juzgarán al pueblo en todo tiempo; y todo asunto grave lo traerán a ti... (v. 22).

Aún en este momento que estoy escribiendo esta frase estoy consciente de que estas sugerencias se vuelven más y más subjetivas. No tenemos aquí (ni en ningún otro lugar de la Biblia) una lista detallada de qué es lo que constituye una disputa "grave" y una "pequeña". Eso es algo que hay que ir averiguando. El llegar a distinguir esas diferencias requiere sabiduría, tiempo y diálogo. También requiere que aprendamos mientras vamos intentando y cometiendo errores. Por eso las Escrituras nos advierten en contra de poner a un novato como pastor de una iglesia. Una de las tareas de un hombre que ha adquirido madurez es la capacidad de diferenciar entre lo grave y lo leve, de saber cuándo lo mejor es decir que sí y cuándo debe decir que no, aunque provoque desaprobación. Las juntas de la iglesia necesitan ayudar al pastor en la resolución de estos detalles.

¿Está usted listo para leer algo que le impactará? Lea esto muy lentamente:

> *Ellos juzgarán al pueblo en todo tiempo; y todo asunto grave lo traerán a ti, y ellos juzgarán todo asunto peque-ño. Así aliviarás la carga de sobre ti, y la llevarán ellos contigo* (v. 22).

¿Captó usted eso? "Así aliviarás la carga de sobre ti . . . Jamás en mi vida he oído que eso se enfatice lo suficiente en un cursillo para pastores. Jamás he visto en una conferencia pastoral que un curso se titule: "Cómo aliviar la carga del ministerio", o "Cómo pasar el mejor tiempo de su vida". Eso no existe porque en esas actividades de gran intensidad, se supone que uno debe ayudar a los pastores a saber cómo hacer más y más, hasta que se desplomen bajo una creciente carga de culpabilidad.

Sin duda usted ha visto a algún humilde, exhausto y mal pagado pastor sumido en la depresión, ¿verdad? ¡Es patético! Parece como si alguien le hubiera pegado al pobre en la nuca con una enorme viga. Anda como doblado hacia adelante, cabizbajo, y parece triste y sombrío, sin sonreír casi nunca . . . y sin reír jamás. Por si usted no ha escuchado esto, así es como usted debe verse si está realmente dedicado al ministerio. No lo crea, la verdad es que todo eso es completamente absurdo.

Según Éxodo 18:22, si comunicamos y delegamos, la carga debe volverse *más fácil* para nosotros, porque otros participan en la tarea de llevar la carga con nosotros. Sí, *será mucho más fácil*.

A mí siempre me ha molestado ver que no se considere muy espiritual el hecho de que uno esté en el ministerio y que a la vez se esté divirtiendo mucho. Para todos los que piensan así, tengo una pregunta: ¿Desde cuándo el agotamiento es la prueba de la eficiencia? Y aquí hay otra pregunta menos bonita: ¿Quién dice que el acabar en un hospital psiquiátrico, emocionalmente desgastado y físicamente exhausto, es prueba de que el pastor realmente dio lo mejor de sí mismo? ¿Quién arrancó del ministerio toda diversión y convirtió el servicio en esclavitud? ¿Quién se robó la risa de la casa del pastor, o se llevó la alegría de su oficina? ¿Quién despojó a la esposa del pastor de la libertad de gozar de su papel y de ser ella misma? ¡Maldito ladrón!

En la mayoría de las iglesias hay tanto estrés potencial que si lo permitimos sería posible agotar a diez pastores. Pero el deseo de Dios es que encontremos formas más fáciles de llevar a cabo el ministerio y de aliviar la carga.

Si esto hicieres, y Dios te lo mandare, tú podrás sostenerte, y también todo este pueblo irá en paz a su lugar (v. 23).

¡Qué consejo tan sabio! Gracias, Jetro. Y la buena noticia es que Moisés puso en práctica el consejo de su suegro . . . y funcionó a las mil maravillas. El pastor Moisés vivió hasta los 120 años de edad. Y cuando murió, dice la Biblia que era el hombre más manso sobre la faz de la tierra. No creo que hubiera en su cuerpo ni un solo hueso amargado. Aprendió a vivir libre de cargas innecesarias. Y usted también puede, amigo mío. En resumen, lo que ocurrirá es que:

- Su ministerio se le volverá más fácil
- Otros llevarán una parte significativa del trabajo
- Usted vivirá más feliz y por más tiempo
- ¡Funcionará!

¿Y cómo se aplica todo esto a un ministerio metropolitano?

Probablemente usted se esté preguntando cómo se aplica todo esto a usted personalmente, a su ministerio o al ministerio de su iglesia. Veamos si puedo aclarar la aplicación de estas verdades enumerando tres ideas que repaso con frecuencia. Por lo menos a mí me ayudan a mantener la perspectiva.

1. Mucha gente, más altas expectativas, multiplicado por numerosas necesidades, da como resultado responsabilidades interminables.

2. Al aumentar el trabajo, hay que transferir la carga. (A veces la eficiencia no se manifiesta por lo que uno logra sino por lo que uno deja de lado.)

3. Los siervos personales de Dios no están exentos de los castigos que provienen del quebrantar las leyes naturales de Dios. La falta de sueño genera mala salud. La falta de descanso genera ansiedad. Créame, una úlcera sangrante no tiene nada de espiritual. Un hombre no sirve de nada tirado boca arriba, destruido, y luchando con la amargura. Los pastores pueden sufrir un quebrantamiento emocional. También las esposas de los pastores. Los pastores pueden perder su familia, su esposa y sus hijos. Los pastores pueden morirse jóvenes.

Todo ministerio que tenga la esperanza de continuar en la línea de batalla debe realizar una evaluación de hacia dónde va y de qué espera lograr. Se deben preguntar: ¿Se está transfiriendo la carga suficientemente? Si no, sigamos transfiriéndola o perderemos a nuestra mejor gente, tanto entre los laicos como de entre los ministros.

Efesios 4 da un ánimo excelente para transferir la carga hacia personas dotadas dentro del cuerpo. En esta lista se incluye los títulos de varios dones espirituales. Esos dones, en la medida en que están en acción en la iglesia, permiten que el trabajo se realice con fluidez y eficiencia.

Y él mismo constituyó a unos, apóstoles; a otros, profetas; a otros, evangelistas; a otros, pastores y maestros . . . (Efesios 4:11).

Esa lista representa de modo limitado todos los dones que hay en el cuerpo. Otros dones en los que debemos fijarnos se enumeran en Romanos 12, 1 Corintios 12, y 1 Pedro 4. Estudie esas listas. Hay personas que pueden ayudar. Hay personas que organizan. Hay personas con dones de misericordia y de consejo. Hay personas con dones de sabiduría y de palabra (con frecuencia los llamamos maestros). No todos los maestros son pastores, pero todos los pastores deben ser maestros. Y no es un simple juego de palabras. Alguien puede enseñar un curso, pero no tener el don de pastorear. Pero si alguien acepta el papel de pastor, debe tener también el don de enseñar. Hay otros dones: la evangelización, el dar, la exhortación, y todo un sinfín de capacidades. Es sabio el ministro que le enseña a su grey acerca de los dones espirituales, explicando el valor de cada uno, y luego los anima a funcionar de modo que él pueda mantener su énfasis en la oración y el ministerio de la Palabra.

En el pasaje de Efesios 4 yo encuentro por lo menos tres principios. Primero, hay suficientes dones como para sostener una iglesia de cualquier tamaño. Dios le dio a su familia dones "a fin de perfeccionar a los santos para la obra del ministerio, para la edificación del cuerpo de Cristo" (v. 12).

Quiero dirigirme a los que son ministros. Si acaso usted está en una iglesia que, a pesar de los esfuerzos que usted ha hecho por delegar la carga de trabajo, no se está sosteniendo a sí misma con los dones que hay dentro de ella, entonces yo me atrevería a sugerir que usted les enseñe deliberadamente acerca de los dones espirituales. Delegue de buen grado la carga de trabajo. Si usted encuentra que la junta y el rebaño no quieren compartir las responsabilidades del ministerio, tal vez deba usted considerar la posibilidad de pasarse a un ministerio que dé cabida al funcionamiento de esos dones. Aunque pueda sonar a herejía, yo soy de la opinión de que algunas iglesias pequeñas que están constantemente luchando por sobrevivir debieran cerrarse, o unirse entre sí para poder sobrevivir, prosperar y realizar una tarea de calidad. La lucha de un solo hombre exhausto por mantener todo a flote no es una iglesia; es un experimento trágico de un esfuerzo infructífero no bíblico.

Todo esto me lleva a un segundo principio: *Cuando se ejercen los dones, las congregaciones crecen.*

> *Hasta que todos lleguemos a la unidad de la fe y del conocimiento del Hijo de Dios, a un varón perfecto, a la medida de la estatura de la plenitud de Cristo; para que ya no seamos niños fluctuantes, llevados por doquiera de todo viento de doctrina, por estratagema de hombres que para engañar emplean con astucia las artimañas del error* (vv. 13-14).

Los creyentes necesitan estar en el servicio del Señor porque todos participamos en el ministerio. Cada cristiano debe estar involucrado en el ejercicio de su don espiritual. La labor de la iglesia es un ministerio mutuo. Al ejercer nuestro don o dones, vamos madurando. Y, repito, la alegría vuelve cuando el ministerio se vuelve más fácil.

El tercer principio es que *la máxima participación conduce a un sano crecimiento.*

> *Para que ya no seamos niños fluctuantes, llevados por doquiera de todo viento de doctrina, por estratagema de hombres que para engañar emplean con astucia las artimañas del error, sino que siguiendo la verdad en amor, crezcamos en todo en aquel que es la cabeza, esto es, Cristo, de quien todo el cuerpo, bien concertado y unido entre sí por todas las coyunturas que se ayudan mutuamente, según la actividad propia de cada miembro, recibe su crecimiento para ir edificándose en amor* (vv. 14-16).

El servir al Señor causa un crecimiento espiritual sano y cuando esto sucede, pocas cosas resultan más emocionantes o más impresionantes.

Hace años diseñé un cuadro que surgió de la experiencia de muchos años en el ministerio. Lo he reproducido aquí porque deseo presentárselo a ustedes. Este cuadro enuncia con bastante sencillez dos filosofías contrapuestas: la mentalidad de "vecindario" y la mentalidad de "metrópoli". Solo cuando nos despertemos para comprender las diferencias entre esos dos conceptos y los aceptemos, podremos encarar muchas de las frustraciones que aquejan a la mayoría de las iglesias. A la izquierda podrá ver usted una lista de lo que caracteriza la mentalidad de una iglesia pequeña. Y por cierto, he visto iglesias grandes que a pesar de su crecimiento siguen funcionando según un concepto de "vecindario". A la derecha verá usted el concepto de "metrópoli", que, a mi modo de ver, es lo que hace posible la vida en una iglesia grande. Haga una pausa y estudie el cuadro.

FILOSOFÍAS CONTRAPUESTAS

EL CONCEPTO DE "VECINDARIO"	EL CONCEPTO DE "METRÓPOLI"
1. Vínculos estrechos entre el pastor y la gente; "una familia grande que se identifica con el pastor".	1. Vínculos estrechos entre grupos de identidad; "numerosas familias que se identifican entre sí".
2. Todo a pequeña escala: el personal, la visión, la organización, el local, el presupuesto, la misión, lo que se da, la variedad.	2. Todo en gran escala: el personal, la visión, la organización, el local, el presupuesto, la misión, lo que se da, la variedad.
3. La congregación procede principalmente de un radio geográfico *corto*.	3. La congregación procede de un radio geográfico *amplio*.
4. Tendencia a la "reproducción interna": poca rotación entre el liderazgo laico, mayor reticencia al cambio.	4. Menos "reproducción interna": amplia rotación entre el liderazgo laico; menos reticencia al cambio.
5. Es fácil conocer a todos.	5. Imposible conocer a todos.
6. Carga de trabajo llevada por voluntarios.	6. Ciertas labores delegadas a especialistas.
7. Relativamente sencilla de manejar y mantener.	7. Compleja de manejar y mantener.
8. Empresa de un solo hombre control más rígido.	8. Multiplicidad de funcionarios; énfasis de equipo entre todos los líderes; base de control más amplia.
9. Lealtad fuerte y centralizada a "la iglesia"; es más fácil implementar la participación.	9. Lealtad descentralizada hacia diversos ministerios; más difícil implementar la participación.
10. Atmósfera naturalmente cálida y acogedora.	10. La atmósfera también puede ser cálida y acogedora, pero lograrlo es un desafío constante.

La mentalidad de vecindario

Aunque gran parte del cuadro se explica a sí mismo, tal vez algunos comentarios puedan ser de utilidad. En el concepto de "vecindario" existen vínculos estrechos entre el pastor y la gente; la iglesia es como una gran familia. Cada cual se identifica con el pastor. Cuando él está ahí, "sigue la función". Cuando él no está ahí, las luces se apagan. ¿Por qué? Porque el pastor es el centro de todo lo que sucede.

También hay una menor escala que todos necesitan aceptar. Todo es más pequeño: el personal, la visión, la organización y los locales. El presupuesto es sencillo y reducido. La actividad misionera o de proyección también es pequeña. Lo que se provee es pequeño, y la variedad es reducida.

En lo que respecta a la geografía, la congregación procede principalmente de un corto radio. Yo me imagino que cuando nuestra iglesia comenzó, atraíamos a nuestra congregación sólo de unos cuantos kilómetros a la redonda. Dudo que nadie llegara en auto desde otras poblaciones mucho más distantes como muchos lo hacen ahora. El domingo pasado conocí a una pareja que viene en automóvil cada domingo recorriendo más de una hora de camino. (Yo los alenté a que no lo hicieran, pero contestaron que habían escogido hacerlo así).

Me imagino que algunas personas en tiempos de Spurgeon atravesaban Londres para asistir al Tabernáculo. Estoy seguro que yo lo habría hecho, y algunos de ustedes también.

En una iglesia pequeña hay una tendencia a la "reproducción interna". Existe una rotación limitada y estrecha entre los líderes laicos. El mismo grupo de oficiales regresa para ser elegidos con regularidad. También hay más reticencia a cambiar que la que existe en un ministerio metropolitano. El tradicionalismo está muy arraigado.

Es fácil conocer a todos. Uno se entera cuando alguien es internado en el hospital. Uno sabe cuando una madre da a luz, y hasta se entera del nombre que le pusieron al bebé. Una boda es igualmente significativa. En los ministerios metropolitanos, en cambio, puede haber dos o tres bodas en un mismo fin de semana, y sólo se entera el círculo de amigos de cada pareja.

El concepto de vecindario es relativamente simple de manejar y de mantener. Es una operación de un solo hombre. Eso se puede tomar al pie de la letra. El pastor tiene la llave de la iglesia. Con frecuencia él mismo saca el agua antes de un bautismo. Tiene la llave del salón de convivios, y participa en las cenas de la iglesia. Hasta se ocupa de si es necesario poner el aire acondicionado o la calefacción.

Así transcurre la vida en una pequeña iglesia de barrio. Suena muy romántico. Si eso es lo que a usted le gusta, fantástico. Es el estilo o filosofía adecuada para una iglesia de vecindario que funciona bien en un ministerio pequeño. Pero en una iglesia de mil miembros o más, usted no podrá llevar suficientes llaves. Ni suficiente ensalada. Ni conectar los ventiladores. Si usted quiere hacerlo no podrá aguantar.

En un ministerio pequeño, donde todos se conocen entre sí, es más fácil implementar la participación. La atmósfera es naturalmente cálida y acogedora.

La mentalidad de metrópoli

Si pasamos al otro lado del cuadro, vemos inmediatamente la serie de realidades contrastantes. En este caso también existen vínculos estrechos, pero estos se dan entre grupos de identidad. Uno encuentra esos vínculos estrechos en la reunión de convivio de adultos a la que asiste. Tal vez uno cante en el coro, y entonces ese grupo se convierte en su círculo natural. Tal vez esté en la junta administrativa, y ese será su grupo de identidad. Tal vez esté en el personal pastoral y ese será su grupo. O tal vez usted sea el líder de un pequeño grupo de hogar que se reúne los jueves por la noche para tener estudios bíblicos. Ese grupo se convierte en su punto de referencia, su lugar de identidad.

Todo se da a gran escala: existe un personal más numeroso, una visión más amplia, una organización más grande, locales más grandes, presupuesto más cuantioso, y provisiones mayores.

En un ministerio metropolitano como el que describí anteriormente, la grey procede de un radio geográfico muy amplio. Uno llega a conocer gente de todos lados. Atrae visitantes de distintos lugares de la región. Todo esto encaja con el esquema de cosas. No se puede evitar; así es como va a suceder.

Además, en la iglesia hay menos "reproducción interna". La rotación entre los líderes laicos significa que usted conocerá personalmente a menos de esos oficiales. En un ministerio más grande, existe menos tradicionalismo, menos reticencia al cambio. (Nótese que no dije que "no hay" reticencia al cambio, sino que "hay menos".)

Es imposible conocer a todos. Gran parte del trabajo directo tiene que ser delegado a especialistas. Muchos de ellos son remunerados. Es complicado manejar y mantener esa iglesia. De ningún modo es una operación de un solo hombre; existe un personal múltiple. La lealtad se descentraliza hacia los diversos ministerios. Y permítame infundirle tranquilidad... la atmósfera podrá ser cálida y acogedora, pero lograrlo es *un desafío constante*.

Recuerdo con claridad cuando, allá en 1971, llegué a la iglesia que actualmente pastoreo, y quería abrazar a todos los individuos que asistían los domingos, que eran alrededor de ochocientas o novecientas personas. Yo venía llegando de una iglesia en Texas que era casi del mismo tamaño y que había comenzado como un ministerio de vecindario. Y la iglesia que había pastoreado antes de esa, en Massachusetts, era también un ministerio de vecindario. Era natural que quisiera abrazar a todos.

Me esforzaba con ahínco por recordar el nombre de cada uno, pero no pude hacerlo. Todavía me acuerdo que pensaba: "Lo estoy intentando, pero no puedo comerme este elefante. Ya hago bien con sólo agarrarme de la cola de este animal." Pronto me percaté de que necesitaba un personal calificado y también una congregación activa, para que me ayudaran a asumir el trabajo del ministerio. Me acuerdo que con frecuencia decía: "Sólo así podremos sobrevivir."

¿Por qué estoy todavía en la misma iglesia? Porque el rebaño ha estado dispuesto a dejar atrás todos esos ideales que fueron buenos para una congregación de "vecindario" y a vivir con la realidad de que somos indudablemente un ministerio metropolitano. A menudo, cuando surgen quejas, proceden de aquellos miembros de la iglesia que siguen apegados a sus expectativas de "vecindario".

Yo le puedo asegurar que si estoy como pastor de esta iglesia no es por vanidad personal. Esa idea la enterré hace muchos años. Admito que este es un lugar envidiable. Pero confieso que hay días en que preferiría estar a mil kilómetros de distancia. Las responsabilidades constantes son numerosas, y las expectativas pueden ser horrendas. Pero yo creo que este es mi lugar. Este es el llamado que Dios me ha hecho. Estoy feliz con el personal, con la armonía que prevalece. Estoy feliz con el rumbo que llevamos. Realmente estamos disfrutando de la vida. Pero de cuando en cuando tengo que respirar hondo y decirme que está bien que no esté involucrado en todo. ¡Ni siquiera sé acerca de todos los detalles! Pero hay alguien que los sabe. Está bien que yo no conozca a la pareja que se casó la semana pasada. Está bien que no recuerde el nombre de aquel esposo ni sepa cuántos hijos tiene ese matrimonio. Como soy una persona orientada a la gente, y una persona a quien le gustan los nombres de los niños y los adolescentes, eso me resulta difícil de aceptar. Me gusta participar personalmente, pero no puedo hacerlo. Ya no resulta posible.

Permítaseme repetir un punto por razones de énfasis: aquellos que están más frustrados en nuestra iglesia de Fullerton son los que siguen aferrados a una mentalidad de vecindario. El consejo que les doy de cuando en cuando: "Encuentren un iglesia de *vecindario* . . . por su propio bien, por el bien de sus familias . . . ¡y por el bien de nosotros!"

Todas las personas estilo "vecindario" necesitan encontrar un lugar que tenga un tamaño que les quepa en sus brazos para que se puedan sentir realizados. Esto lo escribo con la más recta intención. Lo he dicho desde el púlpito, de modo que igual puedo escribirlo en un libro. Una iglesia metropolitana sólo va a ser fuente de frustración para los que anhelan un ministerio de vecindario. Sinceramente, cuanto más pronto hagan un cambio, más feliz quedará todo el mundo. Y eso no es una amenaza sutil, sino una promesa de todo corazón.

Recuerde estas cosas

Este quinto capítulo ha resultado mucho más largo de lo que originalmente me propuse. Hemos abarcado mucho terreno, sin embargo, y cada paso que hemos dado ha sido valioso.

Voy a sugerir tres cosas prácticas para que usted las recuerde cuando se despierte a la diferencia que existe entre una mentalidad de "vecindario" y una de "metrópoli". Tengo la esperanza de que este resumen sirva para grabarnos en la mente lo que hemos descubierto. Si usted está en el proceso de realizar el cambio, necesita aferrarse bien a estos tres recordatorios.

En primer lugar, *si usted tiene expectativas de vecindario va a estar frustrado en una iglesia metropolitana*. Lo contrario es igualmente cierto. Cosas como lazos constantes y estrechos con el pastor principal, o la atención inmediata por parte de él cuando usted necesita hablar con alguien o ser reconocido por nombre entre los que se sientan a su alrededor en el culto . . . todas esas son expectativas poco realistas en los ministerios metropolitanos.

En segudo lugar, *una flexibilidad de mente amplia y una participación en pequeños grupos son los grandes secretos de sobrevivencia para una iglesia metropolitana sana*. No espere un espacio especial para estacionar su auto, ni el mismo sitio en el mismo banco todos los domingos. Más bien dé gracias de haber encontrado un sitio, el que sea. Manténgase con apertura a toda una variedad de selecciones y estilos en la música. Involúcrese en un grupo pequeño. Piense en sí mismo como un ministro, que debe tener impacto sobre las vidas de los demás.

En tercer lugar, *cambiar de método no significa cambiar de mensaje*. No necesito desarrollar este punto aquí, pues es el tema del capítulo siguiente. Más bien le ruego que se mantenga en sintonía.

Y ahora . . . ¿qué?

1. Aun cuando usted no sea el pastor de la iglesia, está llamado a ser "ministro". Reflexione sobre las listas de dones que se hallan en Efesios 4, Romanos 12, 1 Corintios 12, y 1 Pedro 4. ¿Se ve usted a sí mismo, o ve sus fortalezas y las tendencias dadas por Dios, en alguno de esos pasajes? Si ha estado esperando que su don se revele de manera sobrenatural, ha esperado demasiado. Si no ha resultado obvio para usted un puesto específico de servicio, láncese a la obra donde vea la necesidad. Recuerde que Dios no exige perfección sino sólo un corazón y unas manos con deseos de servir.

2. ¿Vive usted en un lugar donde una iglesia de "vecindario" es la única opción viable? ¿Qué principios positivos del ministerio "metropolitano" podrían implementarse en una obra de pequeña escala?

3. ¿Está en una iglesia "metropolitana", sintiéndose frustrado y medio perdido por la enormidad del grupo? No permita que esa frustración lo mantenga triste. Tómese el tiempo para considerar dónde pudiera encajar usted como miembro en un grupo más pequeño dentro de esa iglesia. Claro que se necesitará iniciativa y que a veces es difícil "irrumpir" en un grupo de personas a quienes no conoce bien. Pero los demás miembros del cuerpo lo necesitan a usted, así como usted los necesita a ellos para vivir una vida cristiana plena y productiva.

CAPÍTULO 6

LO QUE CAMBIA Y LO QUE NO CAMBIA

Q ué tiempos aquellos! Casi todas las semanas de mi vida me encuentro con personas que anhelan los tiempos pasados. A menudo me pregunto en qué es exactamente lo que piensan.

Creo que se refieren a la época en que cortarse el pelo o ir al estadio a ver un partido costaba sólo centavos. Tienen en mente una especie de existencia dorada, idílica: sin crisis energética, con aire puro, ríos y arroyos sin contaminación, familias en armonía, diversión en la escuela . . . en fin, la vida sencilla. Hoy día, si uno toma el periódico, abre la página donde se relatan los acontecimientos de última hora, o simplemente examina los editoriales, y lee acerca del estilo de vida enloquecido, la violencia en las calles, y la política de alta tensión, la tendencia será suspirar y añorar los días de antaño.

He aquí un ejemplo de una publicación estadounidense:

El mundo se ha vuelto demasiado grande para nosotros. Suceden demasiadas cosas, demasiados crímenes, demasiada violencia y ajetreo. Por más que uno trate se quedará atrás en la carrera, a pesar de sí mismo. Hay una incesante tensión por mantener el ritmo . . . y aun así uno pierde terreno. La ciencia le echa encima a uno sus descubrimientos con tanta rapidez, que uno se tambalea bajo ellos en confusión y desesperanza. En el mundo político hay noticias que se ven tan velozmente, que uno se queda sin respiración al tratar de mantener el ritmo de quién entra y quién sale. Todo es a alta presión. La naturaleza humana no puede aguantar mucho más.

¿No es verdad que suena como algo que apareció en el periódico de esta mañana? Pero la verdad es que apareció hace más de 160 años (exactamente el 16 de junio de 1833) en el *Atlantic Journal*. Fue precisamente en "los tiempos aquellos".

¿Tiene usted idea de cuáles eran los titulares del periódico *Boston Globe* a mediados de noviembre de 1857? Si su memoria no llega tan lejos, permítame refrescársela. Decía: SE AVECINA CRISIS ENERGÉTICA. El subtítulo sugería que el mundo podía quedar sumido en la oscuridad, debido a una espantosa escasez de grasa de ballena.

¿Quién dice que los "tiempos aquellos" eran de verdad tan buenos?

Yo recuerdo claramente cómo en la década de 1940 los soldados, marineros e infantes estadounidenses morían por millares mientras una guerra mundial rugía por todo el orbe. Recuerdo lo que era soportar el calor de Houston sin aire acondicionado. Recuerdo también que algunos de mis amigos de infancia quedaron lisiados de por vida a causa de la polio.

Y en el decenio de 1930 — cuando yo nací —, la sombra de la Gran Depresión económica causó escasez y desesperación en todos los Estados Unidos. No eran tan buenos tiempos, ¿no es cierto?

Los "buenos tiempos" de mi padre fueron aún peores. Era cuando para arrancar un auto había que usar una manivela, era cuando las casas no tenían cañería interna para el agua, y cuando todos los miembros de la familia se bañaban en tinas de madera; cuando viajar a otro país implicaba largos y peligrosos días en vapor a través del océano, cuando los caballos se morían por docenas en Nueva York a causa de la peste del cólera, cuando la lluvia convertía las calles en un lodazal. Y así podríamos seguir enumerando más cosas. Entonces yo pregunto: ¿De veras eran tan buenos aquellos tiempos?

Lo cierto es que todo depende de la perspectiva que uno tenga. Sigue siendo válida la famosa línea de Charles Dickens: "Fue el mejor de todos los tiempos. Fue el peor de todos los tiempos."[18]

Algunos miran atrás y recuerdan sólo lo mejor de los tiempos: una paz más fácil, lazos más cercanos, y relaciones más honradas. Otros ven las incomodidades, el retraso, los prejuicios y la ineficiencia. Cuando uno se detiene lo suficiente para pensar con objetividad, se da cuenta de que *ningún tiempo* es ideal, por lo cual se hace necesario adaptarse a la época.

¡Cómo cambian los tiempos!

Hablando de "tiempos", ¿recuerda usted la afirmación que se consigna en los antiguos escritos del profeta Daniel 2:20,21?

Sea bendito el nombre de Dios de siglos en siglos,
porque suyos son el poder y la sabiduría.
Él muda los tiempos y las edades;
quita reyes, y pone reyes;
da la sabiduría a los sabios,
y la ciencia a los entendidos.

¡Qué seguridad transmite! No es la mera casualidad ni el destino ciego lo que determina los cambios arrasadores que golpean a cada generación. Nuestro Dios soberano asume plena responsabilidad. Él nos dice que es él mismo quien efectúa los cambios. Y la buena noticia es ésta: cuando los cambios se dan, nunca están fuera del control de Dios.

En tu mano están mis tiempos . . . (Salmo 31:15).

Si de verdad creyéramos eso, los cambios no serían tan difíciles de aceptar, ni nos causarían tanta ansiedad. Todo, desde los inventos modernos hasta las alteraciones del planeta, se podría tomar con calma porque Él, nuestro Dios fiel, sigue estando al mando y no hay nada que lo sorprenda ni lo amenace. ¡Nada! Él está al mando de todas las estaciones y las épocas. Ningún presidente realiza el juramenteo para ocupar su cargo sin que Dios asienta diciendo: "Esa es mi voluntad." Ningún rey gobierna sin que Dios diga: "Ese es a quien le permito reinar." Ningún avance en la tecnología o en la ciencia lo toma desprevenido. Si usted cree que Dios es soberano, entonces no puede creer que él jamás pase de moda. Él vive y reina en la eternidad.

Francamente, eso me resulta emocionante. La explosión demográfica continúa tal como Él la planeó. ¿Sabía usted que no fue sino hasta 1850 que nuestro mundo alcanzó la marca de los mil millones de habitantes? Para 1930 llegamos a los dos mil millones. Sólo se necesitaron treinta años más para que la población del mundo llegara a los tres mil millones. Ahora hemos llegado a los cinco mil millones. Las estadísticas nos dicen que para fines del siglo veinte tendremos siete mil millones. Pero recuerde esto: nuestro crecimiento demográfico, no importa cuán rápido sea, sigue estando en las manos de Dios.

O pensemos en el crecimiento de los conocimientos. Si pudiéramos medir el conocimiento en términos de espacio, todo el conocimiento humano desde el inicio del tiempo hasta 1845 podría medirse en dos centímetros y medio. De 1845 a 1945 se expandiría hasta siete y medio. De 1945 a nuestros días, la explosión de conocimientos es fenomenal; podría alcanzar varios cientos de metros. Aun así, nuestros tiempos están en manos de Dios. Contrario a la opinión popular, Dios comprende la energía nuclear, los "microchips", y la ciencia de los cohetes.

También debo mencionar la velocidad. Hasta 1800, la máxima velocidad que se podía alcanzar era de treinta kilómetros por hora, porque la gente viajaba a caballo. En ese tiempo había profetas de infortunios que intervenían cuando alguien hablaba de viajar más rápido. En algún lugar leí que uno de los antiguos críticos de la velocidad estaba convencido de que si uno viajaba a ciento cincuenta kilómetros por hora, iba a quedar tartamudo por el resto de sus días. Iba a perder el juicio, y sus emociones se desmoronarían. El cuerpo humano no podría tolerar una velocidad así. Sin embargo, cuando llegó el ferrocarril, casi de la noche a la mañana saltamos a ciento cincuenta kilómetros por hora. ¡Asombroso! Nadie comenzó a tartamudear.

En 1952, un avión de propulsión a chorro para pasajeros podía viajar a 480 kilómetros por hora. Para 1979, el avión más avanzado llegaba a 960 kilómetros por hora. Pero muchos años antes, los vuelos espaciales tripulados habían establecido un récord mucho mayor: ya en 1961, los astronautas viajaban en órbita a no menos de 25.000 kilómetros por hora.

Hace poco me di cuenta de que mi padre, durante su vida, pudo ver todo el panorama de esa era de los transportes. Entre 1892 y

1980, vio uno de los primeros automóviles y vivió para presenciar por televisión el lanzamiento de cohetes y la llegada del hombre a la luna.

Y ahora que hablamos de velocidad, un autor que piensa en el futuro escribe así:

Para el año 2020, probablemente los automóviles tomarán su energía de un paquete avanzado de baterías para realizar sus viajes cortos a la oficina y al lugar de compras. Para viajes más largos, los autos serán propulsados por motores de hidrógeno líquido. El tubo de escape de nuestros futuros vehículos de carretera saldrá oxígeno puro y vapor, que son los subproductos de la combustión del hidrógeno líquido. En realidad, lo que habrá será decenas de millones de aspiradoras rodantes absorbiendo el aire contaminado de las ciudades, y sustituyéndolo con un aire más puro que el de las más altas montañas. Un enorme camión de remolque rugirá al pasar por la supercarretera, expulsando por sus tubos de escape nubes de oxígeno puro. En la parte trasera del camión habrá una calcomanía con la nueva consigna: "¡Camioneros Pro-Aire Puro!"

El mismo autor describe a continuación lo que será en el futuro un baile de graduación de secundaria:

En el siglo veintiuno será común que los bailes de graduación [de los estudiantes estadounidenses] se realicen en países extranjeros como Australia, país que será una opción muy popular. Australia quedará a distancia de un breve vuelo de transbordador semiorbital de veintinueve minutos, con viajeros espaciales en traje formal que disfrutan de la espectacular pero breve vista panorámica. Irán a Australia para el baile, pero probablemente se escabullirán a Hong Kong para lo que hagan después del baile, y nos vendrán con el cuento de que pasaron la noche entera en Australia con sus acompañantes. ¡Hay cosas que no cambian de una generación a otra![19]

Podría incluir aquí muchos otros cambios. Si usted es de profesión médica u odontológica, ya conoce muchos de ellos. Para mencionar unos cuantos: la capacidad de escoger el sexo de los que van a nacer; la creación de vida en el tubo de ensayo; la crianza de fetos en vientres artificiales; el desarrollo de bancos de óvulos y de espermatozoides; la eliminación de la caries soldando esmalte sobre los dientes con rayo láser; soldadura local de la retina del ojo; el uso extenso del bisturí sin sangre en la cirugía; el incremento en el uso de órganos artificiales, como córneas plásticas para el ojo, huesos metálicos, arterias de dacrón, corazones artificiales, y músculos electrónicos computarizados; el desarrollo de alimentos sintéticos, incluso la maricultura (para no mencionar la probabilidad de ciudades submarinas); la inmunización general del mundo contra enfermedades comunes; experimentos de hibernación humana; el desarrollo de programas eficaces de control del apetito y del peso.

Entonces voy a preguntar directamente: A la luz de estos notables cambios (todos los cuales están en manos de Dios), ¿por qué es que la iglesia se queda pegada al ayer? Repito mi tema una vez más: la iglesia lleva bastante tiempo de andar dando tropezones. Hace bastante tiempo que nos hemos mostrado renuentes al cambio y titubeantes para ponernos al paso. Ya es hora de que nos despertemos a los cambios y los acojamos como amigos, en vez de resistirnos a ellos como si fueran enemigos.

A uno de mis mentores le gusta mucho hablar acerca de su iglesia, en el Medio Oeste de los Estados Unidos, donde se crió. Algún miembro de la iglesia introdujo el franelógrafo en una clase de escuela dominical para adultos; era una de las ayudas visuales novedosas que se usaba en el mundo empresarial de aquella época. ¡Al pobre hombre lo crucificaron verbalmente! Fue citado ante la junta, donde lo reprendieron con severidad. "¡Cómo se atreve usted a contaminar nuestra iglesia con ese método mundano!"

¿Verdad que es increíble? Todo lo que hizo fue introducir un franelógrafo y usarlo como ayuda para la enseñanza. ¡Y lo trataron como si hubiera abierto un baúl lleno de víboras!

Voy a presentar un par de ideas referentes al tiempo que vivimos. En primer lugar: *Las posibilidades que estos cambios aportan son fabulosas.* Piense en lo emocionante que resulta poner en poco tiempo un idioma no escrito en manos de la gente. Puedo acordarme de los días en que depositábamos a una pareja misionera en la selva con la esperanza de que en cuestión de una década o más pudieran proveer un libro del Nuevo Testamento para esa tribu ... escrito a mano en una placa. Con la ayuda de las computadoras, ahora esa tarea se puede lograr en cuestión de meses, y después viene la Biblia completa en sólo algunos años.

Pensemos en las posibilidades del viaje rápido. Hace años, uno no podía viajar de Estados Unidos a Europa en menos de doce o catorce largos días a través del Atlántico. Ahora podemos hacerlo en unas horas. Algún día será en *minutos*. Pensemos en el efecto que eso puede tener sobre la evangelización del mundo. Gracias a los medios electrónicos, ahora un evangelista puede pararse frente a una cámara y, con la ayuda de un satélite en el espacio, ser visto *en vivo en todo el mundo* en décimas de segundo. En los llamados "buenos tiempos" eso sólo podían lograrlo los superhéroes de los dibujos animados.

Aquí va la segunda idea. *Esos cambios, si no tenemos cuidado, resultarán amenazantes para muchos.* Si usted es un tradicionalista de pensamiento rígido y aferrado a la línea, el cambio parecerá amenazante y usted se verá tentado a oponérsele. No sé por qué, eso se da especialmente entre nosotros los evangélicos. Nosotros podemos ser los peores cuando se trata de ponernos al ritmo de los tiempos. Por eso le ruego: ¡despiértese!

Como iglesia del siglo veinte, a sólo algunos años de entrar en el veintiuno, no nos sintamos amenazados por los cambios de nuestros tiempos. Continuamente debemos supervisar y evaluar nuestros métodos. A mí me resulta útil recordar que ninguno de los métodos que empleamos es sagrado. A menos que un método particular sea propuesto en la Biblia como *el único* método inmutable que Dios dice que debemos usar, será temporal. Eso significa que puede ser alterado o desechado, y reemplazado por un método mejor y más eficiente.

Voy a ser sincero. Una de las grandes inquietudes que tengo con el pastor joven que va surgiendo es que sea un tradicionalista en lo referente a los métodos. Temo que muchos de los que se gradúan con una teología sólida y de fundamento bíblico estén metidos en la camisa de fuerza de los tiempos en que fueron formados.

Es imperativo que los seminarios permanezcan en la primera línea de renovación. Tengo una preocupación personal por los que enseñan comunicación en los seminarios de hoy. ¡Qué fácil es pensar como un tradicionalista y enseñar estilos propios de una época! El estilo de comunicación de la década de los años cincuenta es totalmente diferente del de la de los años noventa. Ya en nuestros días, uno no puede alcanzar y ganarse un auditorio usando algún método dogmático que era popular hace cuarenta o cincuenta años. La audiencia de hoy requiere un estilo diferente. Los comunicadores eficaces y los oyentes interesados aprenden juntos. El estudiante joven de hoy ha presenciado lo mejor en comunicaciones mucho antes de llegar a los años de postgrado. Entre otras cosas, ha visto esos métodos en la televisión y las películas. En este mundo de nosotros, agudamente competitivo y orientado hacia el mercado, hay incontables voces que procuran captar la atención. Los métodos hay que evaluarlos continuamente y, cuando sea necesario, cambiarlos. Sí, incluso en las iglesias.

Me gusta mucho la forma en que en su autobiografía titulada *A Backward Glance* [Una mirada atrás], Edith Wharton expresa el secreto de permanecer con vida:

> A pesar de la enfermedad, incluso a pesar de una pena que se ha convertido en archienemigo: uno *realmente* puede permanecer vivo mucho más allá de la fecha habitual de desintegración si uno se muestra sin temor al cambio, insaciable en su curiosidad intelectual, interesado en las cosas grandes, y feliz en formas sencillas.

No quiero que pase por alto el primero de esos cuatro elementos; es decir, no tener temor al cambio.

Pero hay cosas que nunca cambiarán

Precisamente ahora empiezo a sentir las ondas. Algunos de mis lectores están comenzando a preguntarse si estoy insinuando que lo cambiemos todo. ¡No! Hay algunas cosas, con toda franqueza, que no debemos tocar, no importa cuán moderna sea nuestra época.

Para dar un ejemplo, consideremos algo que escribe el salmista en el Salmo 11 (vv. 1,2, VP). David, sin duda, se está sintiendo amenazado. Saúl anda detrás de él. David ha hallado un escondite en la grieta de alguna peña, tal vez en una cueva, y allí escribe el salmo. Quizás sea un día de lluvia. Tal vez fuera uno de esos días oscuros en que todo parecía sombrío y sin propósito. Podemos sentir la emoción en los dos primeros versículos:

> *Yo busco mi refugio en el Señor.*
> *Es por demás que me digan:*
> *"Huye a los montes, como las aves.*
> *Fíjate en los malvados:*
> *ponen la flecha en la cuerda,*
> *tensan el arco*
> *y, desde un lugar escondido,*
> *disparan contra los hombres honrados."*

Le dice a su Señor: "En ti busco mi *refugio*." La palabra hebrea sugiere un lugar donde esconderse. David encuentra consuelo escondiéndose en su relación con Dios.

Con razón que percibe que el Señor le dice: "Confía en mí. Yo te estoy protegiendo." Y por eso, asustado, replica:

> *Es por demás que me digan:*
> *"Huye a los montes, como las aves."*

"Oye, Señor, Saúl anda persiguiéndome. Puedo oír cómo usan mi nombre para maldecir, allá fuera de la cueva. No puedo irme corriendo a alguna montaña."

> *"Fíjate en los malvados:*
> *ponen la flecha en la cuerda,*
> *tensan el arco*
> *y, desde un lugar escondido,*
> *disparan contra los hombres honrados."*

En aquellos días, pelear en la noche era una de las formas de ataque más traicioneras. David sabe que no está a salvo, aun después de caer la noche. Por último, casi en pánico, le pregunta al Señor:

Y cuando las bases mismas se vienen abajo,
¿qué puede hacer el hombre honrado? (v. 3)

Ese sí que es un punto realista y pertinente. "Señor, en ti busco refugio. Pero, rodeado por los malos y sin que se vislumbre tregua, temo que se estremezcan los cimientos."

Quienes vivimos en California podemos identificarnos con eso. Yo he presenciado numerosos huracanes en el sur de Texas. He conducido el auto en medio de vendavales en Nueva Inglaterra, y he soportado temporales de cuatro días en medio del océano. He estado presente en medio de una amenaza de bomba incendiaria en un avión de pasajeros, y en otras circunstancias igualmente amenazadoras. También he pasado por situaciones en que mi vida y la de mi familia ha sido amenazada por individuos locos. Sin embargo, ninguno de esos temores se parece al temor de que la tierra se estremezca bajo mis pies. Cuando de temores se trata, los terremotos ocupan el primer lugar.

Pero aquí David no está hablando de un terremoto físico. Más bien está diciendo: "Señor, ¿qué pueden hacer los honrados si todo se pone en discusión? ¿Qué hacemos si todo cambia tanto que hasta Tú comienzas a cambiar? ¿Qué puede hacer entonces el hombre honrado?" ¿Alguna vez ha pensado en eso? Yo sí.

Es maravilloso descubrir, más adelante en la Biblia, una respuesta a una pregunta que en la misma Biblia se plantea anteriormente. Este es uno de esos casos. La respuesta a la pregunta de David se halla en la última carta que escribió Pablo: 2 Timoteo.

Uno de los amigos de muchos años que tenía Pablo era un hombre más joven, llamado Timoteo. Cuando se le dirigió esta carta, Timoteo probablemente tenía algo más de cuarenta años. Los dos habían viajado juntos, habían crecido en el Señor juntos, habían aprendido juntos, habían sufrido juntos. Ahora que Pablo está en un calabozo, a punto de despedirse de la vida, y Timoteo está tomando la antorcha para seguir adelante como pastor en Éfeso, el anciano le escribe al más joven una carta, o en realidad *dos*. Este es en Pablo como el canto del cisne, es como su testamento. Si las últimas palabras de una persona son las más significativas, aquí tenemos las de Pablo. Le dice a Timoteo (2 Ti 2:14), a la luz de los tiempos cambiantes:

Recuérdales esto, exhortándoles delante del Señor a que no contiendan sobre palabras; lo cual para nada aprovecha, sino que es para perdición de los oyentes.

Timoteo debe recordarle a su congregación las verdades eternas de Dios. Algunas de esas verdades las ha mencionado Pablo en los párrafos anteriores de la carta. Aquí está exhortando a su amigo a que se especialice en las cosas más importantes, no en las triviales; a que no se deje atrapar en pleitos de palabras y en disputas verbales, sino a que se quede en los asuntos esenciales que merecen su tiempo y su esfuerzo. Luego insta a Timoteo:

Procura con diligencia presentarte a Dios aprobado, como obrero que no tiene de qué avergonzarse, que usa bien la palabra de verdad (v. 15).

La verdad. La palabra de verdad . . . resulta claro que se trata de una referencia a la santa Palabra de Dios, las Sagradas Escrituras. Lo que dice es, en efecto: "Timoteo, no se te ha dado simplemente un libro de sermones, sino algo mucho más importante, un Libro de la verdad. Las verdades de Dios son amplias y magníficas. Realmente pueden cambiar vidas. Por lo tanto, amigo mío, quédate en el Libro. Dale a tu rebaño las verdades eternas de la Biblia."

Mas evita profanas y vanas palabrerías, porque conducirán más y más a la impiedad. Y su palabra carcomerá como gangrena.

(Hoy diríamos: "Su palabrería se extenderá como cáncer.")

De los cuales son Himeneo y Fileto, que se desviaron de la verdad, diciendo que la resurrección ya se efectuó, y trastornan la fe de algunos (vv. 16-18).

Esos hombres se habían desviado de la verdad de las Sagradas Escrituras y, por consiguiente, habían influido sobre otros que siguieron su ejemplo impío. Y entonces viene el clímax:

Pero el fundamento de Dios está firme, teniendo este sello: Conoce el Señor a los que son suyos; y: Apártese de la iniquidad todo aquel que invoca el nombre de Cristo (v. 19).

¡Me parece formidable! La paráfrasis titulada La Biblia al Día dice que "la verdad de Dios es un cimiento que se mantiene firme." Usted puede contar con esto: sin duda habrá más terremotos, pero nunca habrá un "verdadmoto". Nunca llegará un día en que Dios reaparezca en escena y diga: "Miren, he estado evaluando mi Libro. Algunas de esas verdades que puse ahí sobre Jesús . . . bueno, necesito reescribir todo eso. Además, algunos de los rasgos de carácter acerca de mí, y algunas de esas doctrinas que hay en mi Libro, tienen que ser actualizadas." Él nunca hará tal cosa. Su verdad es más sólida que un bloque de granito de mil toneladas.

En realidad, en este versículo Dios ha dicho que hay dos sellos; uno invisible y otro visible. Juntos demuestran que su verdad nunca será conmovida.

Sabemos que el fundamento de Dios se mantiene firme e inmutable a causa del sello invisible de su promesa. Lo que está escrito en el Libro permanecerá intacto en ese Libro. Estará sellado a buen recaudo y absolutamente seguro.

La otra garantía es visible. Basta con mirar en torno y observar a "los que son suyos". El estilo de vida de los justos es prueba de que el fundamento de Dios permanece inmutable. Tal vez no sean más que un remanente, pero los justos están presentes en todas las generaciones.

¿A dónde quiero llegar con todo esto? Es sencillo. Nuestro desafío es mantenernos al ritmo de los tiempos, servir a nuestra generación, pero sin alterar en modo alguno las verdades de la Palabra de Dios. Los estilos y métodos cambian y deben mantenerse al día. Pero ¿la verdad? Es eterna. No está sujeta a cambios. El punto central del presente capítulo podría enunciarse en una sola oración: *Estamos dispuestos a dejar atrás aquello que nos es familiar, sin alterar lo esencial.* Para ministrar con eficacia, la iglesia debe despertarse a lo que cambia . . . y a lo que no cambia.

Carlos Wesley entendía esto ya en 1762, cuando escribió:

> Tengo un mandato que guardar,
> un Dios a quien glorificar;
> · un alma inmortal que salvar
> haciéndola apta para el cielo.
> Servir al mundo presente,
> y cumplir con mi llamado;

¡ay, que ocupe yo todas mis fuerzas
en realizar la voluntad de mi Amo![20]

No pasemos por alto la afirmación que nos interesa: "Servir al mundo presente." Ya a mediados del siglo XVIII, Wesley veía el valor de mantenerse actualizado. El servir al mundo presente no tiene por qué impedirnos servir a Dios.

Muchas iglesias evangélicas de la generación actual están cometiendo un grave error. Temerosas del cambio, de algún modo han conectado la metodología de antaño con la verdad eterna de las Escrituras. Existe una extraña idea de que si nos mantenemos fieles a las Escrituras, debemos resistirnos a cualquier alteración en los métodos; como si la integridad de una postura bíblica exigiera la rigidez del estilo práctico. Y no es así. Si hay inventos modernos que nos pueden ayudar a transmitir el mensaje con más fuerza, con más rapidez y con más eficacia, ¿por qué titubear en usarlos? Si funcionan, si no ponen en peligro nuestra teología ni contaminan nuestro mensaje, ¿por qué no emplearlos?

Al mismo tiempo, existen peligros si se adopta algo simplemente porque es nuevo. Nos agotamos pensando que lo que es moderno y futurista es confiable porque está en manos de gente moderna, futurista y confiable. Y no necesariamente es así.

Dos cosas me vienen a la mente. Primero, necesitamos seguir oyendo lo que Dios dice a medida que ajustamos nuestra vida a los tiempos en que vivimos. Segundo, necesitamos seguir creyendo en lo que Dios dice más que en ninguna otra voz en el futuro. Si hacemos esas dos cosas, nos mantendremos flexibles y eficaces en nuestro enfoque, a la vez que nos mantenemos piadosos y puros en nuestro estilo de vida.

Quiero mostrar por qué es vital esa distinción. Consideremos qué clase de gente se vislumbra en el horizonte de hoy y de mañana. En 2 Timoteo 3:1-5 se nos dice directamente:

> *También debes saber esto: que en los postreros días vendrán tiempos peligrosos. Porque habrá hombres amadores de sí mismos, avaros, vanagloriosos, soberbios, blasfemos, desobedientes a los padres, ingratos, impíos, sin afecto natural, implacables, calumniadores, intemperantes, crueles, aborrecedores de lo bueno, trai-*

dores, impetuosos, infatuados, amadores de los deleites más que de Dios, que tendrán apariencia de piedad, pero negarán la eficacia de ella; a éstos evita.

¡Qué fácil es pensar que si algo es futurista e innovador, rápido y moderno, tiene que ser mejor! No hay tal. El futuro incluirá tiempos salvajes. (Esa realidad la desarrollo con mucho más detalle en el capítulo 7.) Vamos a fabricar armas suficientes como para matarnos más rápidamente. Vamos a inventar vehículos con suficiente velocidad como para pasarle por encima a quien queramos, porque la gente impía del futuro aborrecerá lo bueno. Por eso el mensaje inmutable de Dios, el mensaje de amor y perdón, es importante y no debe ser alterado. La humanidad moderna y futurista seguirá sufriendo los efectos de la misma enfermedad: la total depravación.

¿Quién podrá asimilar el futuro? Sólo quienes tengan su corazón donde debe estar. Los demás la emprenderán contra sí mismos y contra nosotros. Eso explica por qué no creo que nadie esté mejor preparado para manejar las responsabilidades del futuro que el cristiano informado y alerta. Nosotros tenemos incorporadas todas las formas de dominio propio que se necesitan. A menudo he dicho que Dios no está en el cielo tratando de proteger su propia vida y pensando: "¿Qué voy a hacer con este mundo tan acelerado?" Créame: ninguna de nuestras cosas futuristas, por más refinada que sea, puede perturbar a Dios. Él lo comprende todo y permanece totalmente al mando. Cuando él juzgue que es el momento oportuno, se abrirá el telón, se apagarán las luces y comenzará el acto final. Hasta tanto él no cambie las cosas en el Planeta Tierra, los tiempos presentes y futuros seguirán siendo personalmente difíciles y moralmente degenerados.

Las herejías que suenan bonito y que atraen a muchos seguirán cada vez más en boga. Cada vez habrá más seguidores de alguna estrella de cine que resolvió sus problemas metiéndose en el movimiento de la Nueva Era. Habrá toda una oleada de buscadores que la sigan a ella y a otros gurús. Los ciegos seguirán guiando a los ciegos. No sólo Jesús habló de esto (lea Mateo 15:1-14), sino que Pablo lo abordó varias veces. Por ejemplo:

Los malos hombres y los engañadores irán de mal en peor, engañando y siendo engañados (2 Timoteo 3:13).

Podemos contar con ello: el futuro, con todos sus descubrimientos e inventos emocionantes, incluirá un número creciente de engañadores.

El ingrediente principal para la sobrevivencia

¿Quiere usted saber qué se necesitará para guardar el equilibrio apropiado entre el mantenernos al ritmo de los tiempos y el permanecer firmes en la verdad de Dios? Es el discernimiento. Sin discernimiento, será fácil ser absorbido por el sistema. El discernimiento funcionará como un perro guardián que nos impida perdernos en el pantano de la depravación y los engaños del mañana, a la vez que nos mantenemos al ritmo de sus adelantos. Se puede definir el discernimiento como la facultad de ver lo que no resulta evidente para la mente promedio; la exactitud, especialmente al interpretar el carácter o las motivaciones. A mi modo de ver, el discernimiento será mucho más valioso si nos mantenemos en contacto con nuestra época.

Lo que funciona para nosotros como cristianos a nivel individual funcionará también para la iglesia. Si una iglesia se queda allí sentada frunciéndole el ceño al futuro, haciendo poco más que acariciar los sueños del ayer, se convertirá en una iglesia que carece de pertinencia y de entusiasmo. Al mismo tiempo, una iglesia que suaviza su postura teológica y altera las Escrituras para adaptarse al estilo del futuro, perderá su poder espiritual. Recordemos esto: debemos estar dispuestos a abandonar lo que nos resulta familiar, sin modificar lo que es esencial. Repito: el secreto es el discernimiento.

Dos sugerencias para mantener nuestro equilibrio

Tal vez lo que necesitamos sea un par de sugerencias acerca de cómo mantenernos en la cuerda floja de la verdad sin que nos arrastren los fuertes vientos de herejía que sin duda soplarán.

Primero, *los tiempos cambiantes requieren que estemos dispuestos a refaccionar y ser flexibles.* Tal vez usted tenga determinado estilo de culto que ha funcionado bien en el pasado. Quizás lo haya usado durante muchos años. Créame: es necesario que reconsidere una y otra vez todo ese paquete. ¿El enfoque que tiene, sigue siendo el mejor que debe usar, a la luz de los tiempos en que vivimos? ¿Se pondrá en peligro la Escritura si se altera ese estilo? Probablemente no. ¿Hasta qué punto está usted dispuesto a hacer adaptaciones? ¿Hasta qué punto está usted abierto al cambio?

Recuerdo un incidente que tuvo lugar en la iglesia de la que soy pastor desde 1971. Varios de la vieja guardia me advirtieron: "Usted permite que se efectúen múltiples cultos, y va a echar a perder la unidad de la iglesia." Ellos hablaban con una sincera preocupación. Desde los inicios de esa iglesia, habían disfrutado de una cercana fraternidad. Durante más de quince años la iglesia siempre había tenido un culto por la mañana y otro por la noche. Los que se habían atrincherado en ese estilo se sentían amenazados ante el riesgo del cambio: "Usted simplemente no podrá tener más de uno, o perderemos lo que tenemos."

Lo que querían decir era que íbamos a perder la "cercanía de vecindario que siempre hemos tenido". Titubeaban a la hora de enfrentar la realidad de que nos estábamos convirtiendo en un ministerio metropolitano. El crecimiento exigía un pensamiento innovador. Teníamos que hacer algo. No se podía hacer caso omiso del hecho de que la iglesia estaba atestada de gente. Por cierto, en nuestra historia como congregación hemos iniciado otras seis iglesias más, de modo que nadie podía decir que no habíamos intentado ser flexibles. Pero todavía debido a que estaba llena la iglesia, seguíamos desechando gente. El añadir múltiples cultos llegó a ser nuestra mejor opción. Las iglesias tienen que refaccionarse y adaptarse. Me complace decir que la congregación "toleró" los cultos adicionales . . . y después estuvo de acuerdo en que esa era la mejor solución. Hoy no podemos imaginarnos cómo serían las cosas si sólo tuviéramos un solo culto por la mañana.

Segundo, *las verdades inmutables exigen la disciplina para resistir y luchar cuando es necesario.* Ninguna cantidad de tecnología futurista ni de avances modernistas nos dan derecho de negar la Biblia ni de alterar sus verdades. Las Escrituras son nuestra norma. Eso es una realidad. Las verdades de Dios son nuestro firme fundamento.

No existía más seguridad o esperanza en "aquellos buenos tiempos" de la que habrá en los "malos tiempos futuros". Pero, por la gracia y la misericordia de Dios, si nos mantenemos abiertos a la necesidad de cambiar y adaptarnos, podremos sobrevivir.

Tome nota. No es cuestión simplemente de que vamos a sobrevivir. ¡Vamos a triunfar!

Y ahora . . . ¿qué?

1. Los titulares de periódico que producen temor, y las sombrías noticias de los noticieros nocturnos, hacen que a veces sacudamos la cabeza con incredulidad. Algunos permitimos que esas historias tristes y conmovedoras de todas partes del mundo nos hagan un nudo en el estómago, quitándonos la paz y el gozo que nos pertenecen por estar en Cristo. Dios nunca tuvo la intención de que soportáramos en nuestros propios hombros todo el peso de este mundo miserable. Solamente los hombros de Dios son suficientemente grandes para esa tarea. Devuélvale al Señor el peso y la ansiedad.

2. Si usted ha participado durante mucho tiempo en un ministerio determinado, tal vez esté trabado en una metodología cómoda pero desgastada. ¿Está dispuesto a aprender formas nuevas y expresiones remozadas sin poner en peligro las verdades eternas?

3. Trace una línea vertical en el centro de una hoja de papel, desde arriba hacia abajo. Ahora piense en todas las actividades de ministerio de su iglesia en una semana determinada. En el lado izquierdo de la hoja, enumere las actividades que son bíblicas y que siguen siendo prioridades permanentes. En el lado derecho trate de enumerar algunos de los métodos tradicionales que emplea su iglesia, que podrían ser revisados o actualizados en los próximos meses o años. Comente su lista con su cónyuge o con un amigo cristiano, desarrollando una estrategia de cómo pudiera usted convertirse en una fuerza *positiva* para el cambio.

CAPÍTULO 7

CÓMO EJERCER EL MINISTERIO EN LOS ÚLTIMOS DÍAS

Qué tal si hacemos un rápido examen? Estos asuntos los hemos venido tratando con bastante intensidad, de modo que tal vez sea hora de repasar dónde hemos estado, y al mismo tiempo podemos divertirnos un poco. No hay nada mejor que un examen para despertar a los soldados, de modo que aquí va. Para hacerlo más fácil, voy a limitar el examen a preguntas de selección múltiple. Encierre en un círculo su respuesta a cada una de las siguientes preguntas:

1. En el capítulo 1 aprendimos que el propósito primordial de la iglesia es:
   a. Ser un faro de esperanza en la comunidad circundante
   b. Glorificar a Dios
   c. Ayudar a los hambrientos y a los que sufren
   d. Darles a los adolescentes un lugar a donde ir los sábados por la noche

2. En el segundo capítulo sugerí cuatro objetivos fundamentales de la iglesia. El primero es "culto". El tercero es "comunión fraternal". El cuarto es "proyección". ¿Cuál es el segundo?
   a. Imagen pública
   b. Participación

    c. Instrucción

    d. Endeudamiento

3. Después pasé a tratar sobre el estilo de la iglesia. Al escribir acerca de la importancia de un estilo "contagioso", sugerí cuatro características. Es necesario que una iglesia sea _____ EN CONTENIDO, AUTÉNTICA EN NATURALEZA, CON GRACIA EN SU ACTITUD Y ACTUALIZADA EN SU ENFOQUE. ¿Cuál palabra va en el espacio en blanco?

    a. Audaz

    b. Básica

    c. Bíblica

    d. Aburrida

4. En el capítulo 5 escribí acerca de las diferencias entre una iglesia de "vecindario" y una de "metrópoli". Para ilustrar el valor de la delegación, pasamos al Antiguo Testamento y encontramos un ejemplo clásico de una persona que confrontó a otra acerca de la necesidad de delegar las responsabilidades de su cargo, que consumían demasiado tiempo. ¿Quiénes eran esos dos individuos?

    a. Sansón y Dalila

    b. Jonatán y David

    ç. Sara y Abraham

    d. Jetro y Moisés

5. Acabamos de terminar un capítulo referente al cambio. Consideramos el valor de mantenerse flexible y abierto en algunos campos, mientras se permanece firme y seguro en otros. Ofrecí una afirmación central, y tal vez usted la recuerde. Debemos estar dispuestos a dejar atrás lo que nos es familiar, sin modificar lo esencial. Observamos tanto en el Antiguo Testamento como en el Nuevo, y hallamos la respuesta a una pregunta. El salmista escribió: "Cuando las _____ mismas se vienen abajo, ¿qué puede hacer el hombre honrado?" Pablo afirma que el _____ permanece firme. ¿Qué es eso que se va a mantener firme para siempre?

    a. El *himno* de alabanza al inicio del culto

    b. El *método* de evangelización que adoptamos como iglesia

c. El *fundamento de Dios*

d. El *período de avisos en medio del culto de la iglesia.*

Pues bien, es hora de calificar su examen. Repasando las preguntas, las respuestas correctas son: 1-B, 2-C, 3-C, 4-D, 5-C. ¡Cómo le fue! Si contestó bien las cinco, lo felicito. La llamada para que despierte está funcionando. Si perdió tres o más, ¡tal vez necesite yo subir el volumen!

Evaluación general: lo que debemos esperar

No importa qué nota se haya sacado en el examen, creo que puedo hacer una pregunta que nadie va a responder mal. Responda si la siguiente declaración es falsa o verdadera: Los tiempos están peores hoy de lo que han estado jamás. Sin duda alguna, esa afirmación es verdadera. Creo que usted estaría de acuerdo en que, en lo espiritual, lo ético y lo nacional, los tiempos nunca han sido peores. Sólo un optimista ciego podría decir lo contrario. No creo haber hablado con nadie en los últimos veinticinco años que realmente crea que las cosas van mejorando. La realidad es que van empeorando.

El propio Jesús enseñó que eso sucedería así. Mientras conversaba con sus discípulos, les contestó sus preguntas, dándoles con frecuencia respuestas que ellos no esperaban. En Mateo 24:3-12 se registra uno de los discursos finales de nuestro Salvador cuando estaba con sus discípulos, antes de morir y luego resucitar. En esa conversación específica, los discípulos están inquietos acerca de los tiempos del fin, los últimos días de la tierra. El relato dice así:

> *Y estando él sentado en el monte de los Olivos, los discípulos se le acercaron aparte, diciendo: Dinos, ¿cuándo serán estas cosas, y qué señal habrá de tu venida, y del fin del siglo! Respondiendo Jesús, les dijo: Mirad que nadie os engañe. Porque vendrán muchos en mi nombre, diciendo: Yo soy el Cristo; y a muchos engañarán. Y oiréis de guerras y rumores de guerras; mirad que no os turbéis, porque es necesario que todo esto acontezca; pero aún no es el fin. Porque se levantará nación contra nación, y reino contra reino; y habrá pestes, y hambres, y terremotos en diferentes lugares. Y*

todo esto será principio de dolores. Entonces os entregarán a tribulación, y os matarán, y seréis aborrecidos de todas las gentes por causa de mi nombre. Muchos tropezarán entonces, y se entregarán unos a otros, y unos a otros se aborrecerán. Y muchos falsos profetas se levantarán, y engañarán a muchos; y por haberse multiplicado la maldad, el amor de muchos se enfriará.

Permítame repetir otra vez la pregunta: ¿Cree usted que nuestros tiempos van a mejorar, o van a empeorar? La respuesta es tristemente obvia. Sobre este viejo planeta habrá un dramático *crescendo* de la maldad. Si me pidieran que haga un análisis franco de lo que debemos esperar que ocurra, basándonos en la enseñanza de Jesús, yo diría: primero, las condiciones van a empeorar; segundo, los hogares se van a debilitar; tercero, la moralidad se va a resquebrajar.

Las condiciones van a empeorar

Los conflictos internacionales no sólo van a crecer y abundar, sino que van a aumentar en tal medida que algunas naciones ya no van a tolerar a otras. Como vamos a leer un poquito más adelante en este capítulo, la gente no sólo tendrá conflictos sino que se volverá irreconciliable. Rehusarán negociar de modo civilizado. Estamos hablando de una hostilidad cara a cara.

Cuando Dean Rusk era Secretario de Estado de los Estados Unidos bajo la presidencia de John Kennedy, durante la crisis de los cohetes cubanos en 1963, comentó: "Estamos frente a frente, y creo que el adversario acaba de pestañear." Al pasar el tiempo, habrá más miradas fijas y menos comprensión; más atrincheramiento terco y menos razonamiento.

Yo sonrío por dentro cada vez que veo lemas y letreros que hablan de paz en el mundo. Porque *nunca* habrá paz internacional sino hasta que Cristo esté reinando con todo su poderío. Con toda buena intención nuestros estadistas se esfuerzan en alcanzar la paz, pero ¡ay! es una empresa inútil. Cuanto más tiempo vivamos en este viejo planeta, la situación mundial más se parecerá al inquieto vaivén del mar.

El conocimiento técnico podrá abundar y alcanzar nuevas cumbres. Vamos a desarrollar métodos para ayudarle a la gente a vivir por más tiempo, pero la pregunta más profunda es: ¿van a *querer* vivir más tiempo? Cada día hay más personas que opinan: "No; yo ya quiero irme." Basta con comprobar el creciente índice de suicidios, incluso entre adolescentes. Es aterrador.

Los hogares se van a debilitar

Las familias continuarán desintegrándose. No es necesario volver a afirmar lo obvio. Ninguna persona que esté leyendo estas líneas podría decir: "No conozco a nadie que se haya divorciado." Todos nosotros conocemos a alguien que ha pasado por esa cámara de torturas. Algunos de ustedes lo han sufrido en contra de sus propios deseos. Casi puedo oírles decir: "Nunca quise que eso ocurriera, pero soy víctima de la situación. Mi familia se debilitó, la relación se rompió, y ha ocurrido precisamente aquello que yo juraba que nunca pasaría en mi hogar. Y los que más han sufrido son mis hijos." La delincuencia es tan grave, que hay maestros que están abandonando su profesión. No es exagerado afirmar que la familia destruida es ahora una epidemia mundial.

La moralidad se va a resquebrajar

Lo que antes nos hacía sonrojar ahora lo contemplamos como si nada en el televisor. Allá por 1939, una simple palabra grosera que se pronunciara en una película provocaba titulares de primera página en los periódicos. Esa misma palabra, y otras mucho peores, se oyen ahora todos los días en los medios de comunicación.

Sería fácil que aquellos de nosotros que todavía nos sonrojamos pensáramos que las cosas han llegado demasiado lejos y se han salido de control. Tal vez pensemos: "Dios debe estar frotándose las manos nerviosamente y preguntándose: '¿Qué voy a hacer con este mundo?'" Pero, como lo vimos en el capítulo anterior, no es ése el caso. En realidad, "el fundamento de Dios está firme" (2 Timoteo 2:19). Si bien ninguna de esas cosas está fuera de su control, a nuestro Señor le duele decir que el amor de la mayoría se enfriará.

Pero [me encanta que este versículo comience con esa palabra] . . .

Pero el fundamento de Dios está firme.

La verdad triunfará. Aunque parezca, como lo escribió James

Russell Lowell, que vemos "Siempre a la verdad en el patíbulo, / y siempre al mal en el trono".[21] ¡El camino divino triunfará!

> *Pero el fundamento de Dios está firme, teniendo este sello: Conoce el Señor a los que son suyos; y: Apártese de la iniquidad todo aquel que invoca el nombre de Cristo.*

La pregunta no es: ¿Se pondrán más difíciles las cosas? (Porque sí se pondrán más difíciles.) Tampoco: ¿Está Dios al mando? (Porque sí lo está.) La pregunta más profunda es: ¿Cómo podemos vivir y ejercer el ministerio en un mundo que ha perdido el camino? ¿Qué puede hacer una iglesia para hacer un impacto? ¿Qué se necesitará para que nos despertemos, de modo que podamos impactar a este mundo que se precipita, a mayor velocidad que nunca, en la dirección equivocada?

¿Cuál es la respuesta? ¿Debemos construir nuestras murallas cada vez más gruesas? ¿Debemos trancar la puerta de la iglesia y darles llaves exclusivamente a los nuestros para garantizar la protección de nuestro pequeño bolsillo de pureza? Claro que no. Entonces, ¿qué hacemos? ¿Cómo podemos hacer una diferencia en estos últimos días?

En el mismo pasaje que examinamos en el capítulo 6, encontraremos una respuesta a esa pregunta. En efecto, encontraremos algunas respuestas que no sólo son correctas sino que además son pertinentes y penetrantes. En 2 Timoteo 3 encontramos una de las más vívidas descripciones que contiene toda la Biblia acerca de la maldad de los últimos tiempos. A mi modo de ver, este pasaje sólo es superado por Romanos 1 en lo que respecta a una descripción franca de la depravación. La dimensión útil que encontramos en 2 Timoteo 3 es la instrucción práctica que incluye acerca de cómo responder cuando nos encontramos con tiempos así.

La instrucción bíblica: cómo debemos responder

No leamos con prisa estas palabras de instrucción. Pablo comienza de un modo muy realista, al informar a Timoteo, su amigo de tantos años, de la siguiente manera:

> *También debes saber esto: que en los postreros días vendrán tiempos peligrosos* (2 Timoteo 3:1).

Uno pudiera preguntarse por qué el anciano apóstol comienza afirmando cosas que parecen redundantes. Por supuesto que Timoteo sabía que los tiempos eran peligrosos. Los mártires caían como moscas. En ese tiempo, el ser conocido como cristiano era más que impopular: era potencialmente fatal. En aquellos tiempos, cuando uno daba a conocer su fe, el gobierno tomaba nota y los vecinos también. Uno pagaba por su fe un tremendo precio. Entonces, ¿por qué dice Pablo: "También debes saber esto"?

He aquí la razón: él conocía a Timoteo. Timoteo tenía esa clase de temperamento que necesita ser avivado. En más de una ocasión Pablo aconsejó a su amigo que "avivara el don" que Dios le había dado. Yo interpreto que el discípulo Timoteo era un poco más pasivo que su mentor, lo cual daba razón al sabio y viejo maestro para decirle al joven: "¡Manos a la obra! ¡Manténte alerta!"

Tal vez Timoteo era ese tipo de persona que pensaría que, aunque en ese momento preciso los tiempos fueran malos, probablemente llegarían a normalizarse: "La cosa no va a ser permanentemente difícil. La tormenta pasará por encima si me tiro al suelo." Para poner las cosas en el lugar correcto, Pablo advierte: "Debes saber esto, Timoteo: la cosa no se va a aliviar. Este estilo de vida propio de los últimos días ha llegado para quedarse."

Breve denuncia de la depravación de los últimos días

Fijémonos otra vez en las palabras "vendrán tiempos peligrosos" (lit. *difíciles*; así en todas las demás versiones castellanas excepto RVR). Ese término se traduce de una palabra griega que pocas veces se usa en el Nuevo Testamento. En realidad significa algo más que difícil; tal vez "áspero", o mejor "difícil de enfrentar". Me sirvió darme cuenta de que en Mateo 8:28 se usa el mismo término griego para describir la apariencia y las acciones de dos hombres endemoniados. En ese versículo el término se traduce "feroces en gran manera" o "violentos". Como dije antes, no es demasiado exagerado traducir esta palabra por "bárbaros" o "salvajes". Hagámoslo:

> *También debes saber eso: que en los postreros días vendrán tiempos salvajes.*

¿Por qué quedarnos por tanto rato en una sola palabra? Para

despertar a la realidad. Vivimos en una época en que estamos rodeados de una mentalidad de pensamiento positivo y de sugestiones para no sentir miedo. Si bien creo firmemente en la importancia de pensar de modo positivo, creo que eso se puede llevar a un extremo cuando nos impide pensar de modo realista. Si de verdad creemos que estos son "tiempos salvajes . . . feroces en gran manera", entonces no nos asustaremos con ningún suceso ni titular de periódico. Podrá pesarnos o hacernos sentir avergonzados, pero nunca debe sorprendernos, porque Dios ha advertido que en los últimos días habría tiempos difíciles de enfrentar, ásperos, tiempos caracterizados por la violencia.

Hace poco tiempo leí un artículo de media página que fácilmente habría podido volverme loco. Era la historia de un hombre que asesinó a todos los miembros de su familia. A algunos los dejó durante más de un día muertos en la casa o en el maletero del auto. Los asesinatos se extendían más allá de su familia. La lista incluía a varios amigos cercanos y empleados. ¿Cuántos en total? Catorce. Sin duda alguna nos han sobrevenido tiempos salvajes.

Otro artículo reciente habla de un hombre que roció de balas el patio de una escuela con un fusil militar de asalto, matando e hiriendo a un gran número de niños pequeños. Apenas podemos imaginarnos algo más violento que matar a niños inocentes. Ahora que escribo este libro, en el condado donde vivo hay varios juicios escandalosos que se están efectuando. Cada uno de ellos implica a un acusado que está siendo juzgado por homicidios múltiples. Los tediosos juicios incluyen relatos vívidos y vergonzosos de violaciones, acuchillamientos, mutilaciones, sodomía, homosexualidad, abuso de drogas, abuso sexual contra niños, y no sé cuántos otros delitos sociopáticos que incluyen actos tan inmorales que lo dejan a uno helado. Y cada hombre que está bajo juicio está allí sentado con toda placidez, a veces hasta con una sonrisa maligna en la cara. No hay sentido de remordimiento ni evidencias de vergüenza. En tiempos excesivamente violentos habrá una ausencia todavía mayor de sentido de culpa, una racionalización más refinada, y menos énfasis en el castigo a los malhechores.

No hace mucho, algunas autopistas estadounidenses se convirtieron en carriles de terror, porque había conductores que portaban armas de fuego y que no titubeaban en dispararle a otro conductor simplemente porque se les metía en el carril que ellos transitaban. Ni el tiempo ni el espacio me permiten incluir los sórdidos pormenores de otros delitos tan espantosos que tenemos que esforzarnos para creer que fueron cometidos por seres humanos como nosotros. Tenemos que enfrentarlo: vivimos en una época enloquecida.

Date cuenta de esto, cristiano. Ten conciencia de esto, iglesia. ¡Despiértate!

En tiempos de tanta barbarie, son relativamente pocos los que de un modo coherente siguen los caminos de Dios. Pocos cónyuges se mantienen fieles a sus votos y permanecen comprometidos en su matrimonio. Será cada vez más difícil criar una familia que tome en serio a Dios. ¡Dése cuenta de esto! El darnos cuenta de eso exigirá un mayor sentido de intensidad y una determinación más profunda entre el pueblo de Dios. Puesto que habrá asesinatos masivos, guerras de pandillas, un incremento en las perversiones sexuales, un número creciente de prácticas antiéticas, y violencia en los hogares como el mundo nunca antes ha visto, nuestro caminar con Dios debe intensificarse.

Pablo pasa a hablar de un modo dolorosamente específico:

> *Porque habrá hombres amadores de sí mismos, avaros, vanagloriosos, soberbios, blasfemos, desobedientes a los padres, ingratos, impíos, sin afecto natural, implacables* (2 Timoteo 3:2,3).

Tal vez usted todavía se pregunte por qué su vecino ofendido no quiso arreglarse directamente con usted por esa pequeña ofensa. Usted se pregunta por qué ese vecino decidió poner una demanda legal contra usted en lugar de simplemente acercarse a su casa, tocar la puerta del frente, y pedirle que conversaran del incidente. Usted se pregunta por qué el hombre que se resbaló y cayó en la tienda de la que usted es dueño no estuvo dispuesto a hablar con usted en vez de hablar con el abogado. O cuando usted golpeó el auto que iba delante del suyo, usted se pregunta por qué el dueño no estuvo dispuesto a dejarlo pasar como accidente sin importancia y negociar la diferencia. Acto seguido, le entregaron

a usted partes de policía. ¿Por qué? La Biblia dice: "Habrá hombres
. . . implacables". Dése cuenta de eso.

Sostengamos la respiración y continuemos leyendo:

> . . . *calumniadores, intemperantes, crueles, aborrece-*
> *dores de lo bueno, traidores, impetuosos, infatuados,*
> *amadores de los deleites más que de Dios, que tendrán*
> *apariencia de piedad, pero negarán la eficacia de ella; a*
> *éstos evita. Porque de éstos son los que se meten en las*
> *casas y llevan cautivas a las mujercillas cargadas de*
> *pecados, arrastradas por diversas concupiscencias. És-*
> *tas siempre están aprendiendo, y nunca pueden llegar*
> *al conocimiento de la verdad. Y de la manera que Janes*
> *y Jambres resistieron a Moisés . . .*

(Esos dos hombres mencionados aquí eran magos de la corte
del faraón, que intentaron imitar al Dios viviente y falsificar su
poder en presencia del faraón. Así como Moisés hacía sus milagros
por el poder de Dios, Janes y Jambres hacían los suyos por el poder
del adversario.)

> *Y de la manera que Janes y Jambres resistieron a Moisés,*
> *así también éstos resisten a la verdad . . .* (vv. 3-8).

En los últimos días los hombres no se van a desentender
pasivamente de la verdad, sino que se van a oponer a ella agresi-
vamente. Dése cuenta de eso.

Pablo nos está sacudiendo los hombros, diciendo: "¡Despiértense, despiértense! Dejen de vivir en un mundo de fantasía,
pensando que todo va a ser lindo y tranquilo si es que deciden
trasladarse a un terreno cerca de algún lugar pacífico. La verdad
es que no existe tal lugar. No hay tal país de fantasía." Dondequiera que uno se establezca, allí habrá

> . . . *hombres corruptos de entendimiento, réprobos en*
> *cuanto a la fe* (v. 8).

Fíjese bien en lo que dice. En lo que respecta a la mente, habrá
depravación y corrupción. Y en cuanto a la fe, reprobación. Serán
falsos, serán probados y hallados faltos.

A estas alturas la situación comienza a parecer sin esperanza.
Yo siento necesidad de un poquito de alivio; ¿y usted siente lo

mismo? Pues éste lo encontramos en el versículo 9. Pablo, sabiendo que Timoteo iba a tomar sus palabras en serio, le da un pequeño espacio de respiro dirigiéndose personalmente al joven:

> *Mas* [no te preocupes, Timoteo] *no irán más adelante; porque su insensatez será manifiesta a todos, como también lo fue la de aquellos* [Janes y Jambres] (v. 9).

Lo que dice equivale más o menos a esto: "Quiero que te des cuenta de esto, Timoteo: todavía habrá quienes se percaten de la realidad. Todavía habrá en la familia de Dios quienes disciernan entre la verdad y el error. No todos van a ser absorbidos por el sistema."

John R. W. Stott menciona una realidad que fácilmente pasamos por alto:

> En nuestros días a veces nos angustiamos — comprensiblemente y con razón — por los falsos maestros que se oponen a la verdad y que atribulan a la iglesia, especialmente por los métodos furtivos y resbalosos de los traficantes religiosos clandestinos. Pero no es necesario que tengamos miedo, aun cuando algunas personas débiles sean arrastradas por ellos, e incluso si la falsedad se pone de moda. Porque la herejía tiene algo patentemente espurio, y la verdad tiene algo evidentemente verdadero. El error puede difundirse y gozar de popularidad por un tiempo. Pero no llegará muy lejos. Al final está destinado a quedar denunciado, y es seguro que la verdad será vindicada. Esta es una lección clara de la historia de la iglesia. Numerosas herejías han surgido, y algunas han parecido tener mucha probabilidad de triunfar. Pero hoy día son de interés casi sólo como piezas de anticuario. Dios ha preservado su verdad en la iglesia.[22]

¿No es un consuelo maravilloso el recordar que los libros de Dios que contienen su justicia divina no se cierran cada noche? A mí me da una creciente sensación de paz interior el recordar que los capítulos de Dios todavía están en proceso de ser escritos. Él todavía no ha dicho: "Fin". He de admitir que la siempre creciente marejada de herejía, mezclada con la impureza moral y la violencia física, casi me produce escalofríos. A veces me pregunto si nos va a abrumar. Después, cuando en el Libro de Dios encuentro esos tranquilos recordatorios, es notable lo sereno que me siento. Puedo recordar una vez más que la verdad prevalecerá, y que a fin de cuentas triunfará.

Respuestas sabias a todos los que ejercen el ministerio

Con ese suave rayo de esperanza, el apóstol torna su atención directamente al hombre que ha de recibir la carta, e indirectamente a todos los que vivimos en los últimos días. Para él y para nosotros, escribe: "He aquí algunas respuestas sabias acerca de cómo sobrevivir a la época en que ustedes viven. En un sentido más amplio, he aquí la clave de cómo abundar."

Él presenta cuatro respuestas específicas. Yo voy a mencionar las primeras dos para concluir este capítulo, y me guardaré las otras dos para el siguiente.

Primero, *siga el modelo de los que son fieles.*

Pero tú has seguido mi doctrina, conducta, propósito, fe, longanimidad, amor, paciencia, persecuciones, padecimientos, como los que me sobrevinieron en Antioquía, en Iconio, en Listra; persecuciones que he sufrido, y de todas me ha librado el Señor. Y también todos los que quieren vivir piadosamente en Cristo Jesús padecerán persecución (vv. 10-12).

Los tiempos son difíciles, son ásperos, son duros de enfrentar. Todo eso es cierto. "Pero tú, Timoteo . . ." Esa palabra, "pero", es una conjunción breve pero poderosa. Sirve para introducir un contraste marcado. "Hay muchos (en realidad, Jesús dijo que 'la mayoría') que se enfriarán. *Pero tú*, Timoteo, sé diferente. Tú no tienes que ser como 'la mayoría'. Ni siquiera te atrevas a ser como 'los muchos'. Tú sigue mi ejemplo."

¿Tiene usted algunos modelos que seguir? No me refiero a santos en esculturas de piedra que colocamos en pedestales y consideramos perfectos. No. Los modelos que arrastran nuestra vida son muy humanos, y por lo tanto imperfectos. Aun así, son grandes ejemplos para nosotros. Nos motivan a vivir mejor. Es posible que ellos ya vivieron y que su vida ya terminó.

Tal vez el modelo para usted sea un escritor cuyo libro hizo que su vida diera un giro total. Como consecuencia de eso usted ha entrado en una vida más profunda. En el verdadero sentido de la palabra, ese escritor (a quien tal vez usted nunca ha conocido personalmente) es su modelo.

Otros podrán seguir modelos de personas que viven cerca de ustedes. Usted ha estudiado esa vida muy de cerca y quiere emular virtudes similares. Cuanto más estudia usted su modelo, más descubre que esa persona no desconoce el sufrimiento. Por eso, cuando usted se topa con sufrimientos parecidos, recuerda las persecuciones que su modelo ha soportado, y eso lo anima a soportar. Eso es lo que Pablo dice aquí. En efecto, el sufrimiento y la piedad suelen ir conectados.

¿Pasó usted por alto la sobria predicción de Pablo?

Y también todos los que quieren vivir piadosamente en Cristo Jesús padecerán persecución (v. 12).

Hablando de modelos, ¿no es interesante el hecho de que en nuestra época decadente se estén haciendo todos los intentos posibles por derribar a quienes una vez hemos admirado? Los personajes políticos que uno ha admirado en la historia de su país están siendo destripados sistemáticamente, de modo que si ciertos críticos se salen con la suya ninguno de ellos parezca tan admirable. Yo le animo a que no permita que eso suceda. Esa clase de pensamiento cínico conduce a un solitario callejón sin salida.

Hace poco hablé con un hombre que tiene la esperanza de llegar al Senado o al Congreso de los Estados Unidos. A fin de cuentas, si Dios abre la puerta, él quisiera buscar seriamente la posibilidad de llegar a ser presidente. En la actualidad es prácticamente desconocido. Pero bien hondo en su mente hay unos modelos, ciertos individuos que se plantan firmes contra el mal como una roca contra la tempestad, personas comprometidas con la verdad . . . personas a quienes él puede observar y de quienes puede decir: "Así es como yo quiero ser." Eso le aviva su fuego. Como me dijo hace poco: "Estoy observando a mis modelos y tomando ciertas pistas para yo seguir." Yo lo estoy alentando a que siga leyendo biografías de grandes hombres y mujeres.

El apóstol le dice a Timoteo: "Tú, sigue mi ejemplo; si lo haces, lo lograrás."

Si sirve de algo un testimonio personal, considere usted mi historia. Mientras yo estaba en la Infantería de Marina, en ruta hacia el Oriente, me topé con el maravilloso libro de Elizabeth Elliott *Portales de esplendor*, referente a cinco misioneros que fueron martirizados. Nunca conocí a esos jóvenes ni a sus familias. Pero por el testimonio de cinco desconocidos que literalmente entregaron su vida por evangelizar a los indios aucas del Ecuador, mi vida como joven soldado dio un giro total. Ellos se convirtieron en modelos para mí durante una época solitaria y difícil de mi vida. En muchas formas, la fidelidad de ellos me daba impulso para continuar. Ellos se convirtieron en mis silenciosas voces de ánimo. Destacan en mi mente como personas a quienes vale la pena seguir, de quienes vale la pena leer, a quienes vale la pena estudiar. Ahora soy mucho mayor de lo que eran ellos cuando murieron. Aunque hayan muerto, ellos me han hablado por más de treinta años. Todavía pienso en ellos y sigo su ejemplo, aunque ellos dejaron este mundo allá en 1956.

Al realizar una pequeña investigación lingüística de la palabra *seguir*, me llamó la atención descubrir que es el mismo término que usa Lucas para referirse a cómo él investigó todos los datos antes de escribir el evangelio que lleva su nombre. Tras cerciorarse de todos los datos, pudo escribir el relato de la vida de Cristo que nos dejó. Ese término específico que usa Lucas para "investigar" o "revisar algo cuidadosamente", es la palabra que en 2 Timoteo 3:10 se traduce como "has seguido". De manera que no significa simplemente mirar a distancia y admirar superficialmente el historial de alguien. Significa que debemos acercarnos todo lo que podamos y realizar una investigación cuidadosa con el fin de descubrir los elementos que hicieron que esa vida fuera grande.

Estoy dedicando tiempo adicional en esta explicación porque creo que es parte del entrenamiento para sobrevivir en los últimos días. Si usted se limita a leer y mirar los medios de comunicación masivos, va a rechazar todos los modelos. Va a abrigar sospechas respecto a cualquier líder. ¡No dejemos que eso nos suceda! El solo hecho de que unos cuantos hayan fallado no significa que las filas del cristianismo estén llenas sólo de charlatanes, engañadores y fracasados. Algunos siguen siendo personas de la verdad . . . modelos de fe que merecen ser seguidos. ¡Sigámoslos!

Segundo, *vuelva a la verdad del pasado.*

Mas los malos hombres y los engañadores irán de mal en peor, engañando y siendo engañados (v. 13).

Impostores podrá haber muchos, pero tomemos la decisión de no ser uno de ellos. Seamos diferentes . . . como lo fue Timoteo. ¿Qué fue lo que hizo que Timoteo fuera diferente?

Pero persiste tú en lo que has aprendido y te persuadiste, sabiendo de quién has aprendido; y que desde la niñez has sabido las Sagradas Escrituras, las cuales te pueden hacer sabio para la salvación por la fe que es en Cristo Jesús (vv. 14-15).

¡Bravo por los antecedentes familiares de Timoteo! Si usted regresa al versículo 5 del primer capítulo de esta epístola, verá que fue la fe sincera lo que marcó la vida de Timoteo. Fe que residió primero en su abuela Loida y luego en su madre Eunice. (Nada se dice de su padre, quien probablemente era griego y quizá no era cristiano.) Fueron la madre y la abuela materna de Timoteo quienes dieron forma a las primeras etapas de su crecimiento espiritual. Su fe se hizo sincera a medida que él aprendió de Cristo en los regazos de ellas, y sentado bajo su tutela. Pablo, consciente del valor de la formación que la abuela y la madre de Timoteo le impartieron, lo exhorta a mantenerse firme.

Mi esposa, cuando piensa acerca de su pasado, se puede identificar fácilmente con Timoteo. Cynthia diría: "Fueron mi madre y la madre de mi madre quienes me formaron." Yo diría: "Fue mi abuelo materno." Se llamaba L. O. Lundy, de El Campo, Texas; era un hombre de la verdad, un ejemplo de integridad y de piedad.

Mi hija menor, Colleen, y yo, íbamos viajando por Texas en el otoño de 1987. Decidimos meternos por algunas carreteras rurales y pasar por el pueblo donde me había criado. Yo tenía más de treinta años de no volver allí. Entramos en El Campo, y finalmente localizamos la casa de mis abuelos. Casi inmediatamente después de estacionar frente al lugar donde muchos años antes habían vivido mis abuelos, se me salieron las lágrimas, y a Colleen también. Ella me ha oído hablar muchas veces de la influencia que tuvo mi abuelo en mi vida. Me leyó la mente. Yo contemplé esa vieja casa solariega donde una vez vivió un gran caballero. El más grande recuerdo es el amor que él manifestaba cuando se ponía sobre la rodilla a su nietecito y le hablaba cariñosamente, le daba ejemplo de rectitud y moldeaba su pensamiento. Naturalmente, ni él ni yo teníamos idea alguna de lo que me deparaba el futuro. Mientras mi hija y yo estábamos sentados allí frente a la casa, mirando las ventanas, la puerta del frente, el portal y la pequeña acera, me sentí sobrecogido de gratitud. Recordé la verdad, y recordé al hombre de quien había aprendido la verdad.

En su caso, ¿quién fue? ¿A quién podría mencionar usted? ¿Tuvo usted la bendición de tener padres que amaran a Dios? ¿Tuvo usted la bendición de unos abuelos así? ¿Fue un pastor piadoso y fiel? No deje que la rapidez del presente le haga tratar con ligereza la profundidad de su pasado. Vuelva a la verdad de su pasado. Repase esas vidas y esos acontecimientos. Acuérdese de ellos, renuévelos, apóyese en ellos, y luego transmita la verdad a sus hijos. Eso le ayudará a mantenerse firme en medio del torbellino del futuro. Cuando van y vienen esas personalidades superficiales y usted se siente tentado a dejarse derribar, cuando vienen los tiempos difíciles y por poco lo echan al suelo, vuelva a sus raíces para hallar en ellas solidez espiritual.

Si su pasado, como el de Timoteo, incluye un legado de piedad, ha tenido usted una maravillosa bendición. La gravedad y depravación de estos últimos días no lo abrumarán. Hallará fortaleza y estabilidad en medio de la tormenta. Y estará mejor preparado para ejercer el ministerio en los últimos días.

Y ahora . . . ¿qué?

1. Pablo dice: "También debes saber." ¿Cómo podemos seguir la directriz que nos otorga Pablo para que nos despertemos a los tiempos de barbarie en que vivimos, y aun así mantener una actitud y una perspectiva positivas? Tómese un momento para anotar dos o tres principios bíblicos eternos que puedan ayudarle a usted y a su familia a mantener el equilibrio y la perspectiva en esta época de locura en que vivimos. Coméntelos con su familia, su grupo de estudio bíblico, o un amigo cristiano cercano.

2. ¿Quiénes son sus modelos en la vida cristiana? ¿Puede usted mencionar uno o dos de ellos, quizás visualizando sus rostros? ¿Puede usted escuchar sus voces de aliento que lo animan desde las graderías (Hebreos 12:1-2), instándolo a soportar y a permanecer fiel? Si usted tiene modelos así, tómese el tiempo para pensar en ellos más frecuentemente. Cuando se encuentre en circunstancias difíciles, pregúntese cómo reaccionarían ellos en las mismas circunstancias. ¿Qué consejo le darían ellos? Pídale al Señor que le ayude a emular su ejemplo, y no se muestre renuente a hablar de ese ejemplo a su familia y amigos. Como decía uno de mis mentores, "Si todos habláramos de nuestros héroes, tendríamos más héroes de los cuales hablar."

3. Hablando de modelos dignos, ¿cuánto tiempo hace que no lee usted la biografía de un cristiano o cristiana ejemplar? Saque tiempo esta semana para rebuscar la estantería de biografías en la librería cristiana de su localidad, y haga una compra que incluya una biografía que podría cambiar su vida.

CAPÍTULO 8

CÓMO MANTENERNOS "LISTOS HASTA LA HORA DE SALIDA"

Después de graduarme de la secundaria estuve trabajando durante cuatro años y medio en un taller de maquinaria, en el sector industrial de Houston. No sólo estaba como aprendiz en el oficio de mecánico, sino que también asistía a cursos nocturnos en la Universidad de Houston. Mi padre era de la vieja escuela: creía que yo no sólo debía obtener una buena educación, sino además aprender un oficio para que tuviera con qué ganarme la vida en caso de que la carrera que siguiera no me funcionara. Seguí su consejo, y nunca lo he lamentado.

Tengo muchos recuerdos maravillosos de aquellos años en ese taller. Aprendí muchas lecciones valiosas mientras trabajaba con las manos; una de ellas fue mi sincero aprecio por el mundo obrero. No me resulta difícil entender cómo es esa vida, sus presiones y frustraciones, así como sus beneficios y sensaciones de logro.

Con frecuencia recuerdo a varios personajes inolvidables que conocí en aquellos días. ¡Cuánto nos divertimos juntos! Uno de ellos era un hombre a quien llamaré Tex. Él y yo, durante varios meses trabajamos uno a la par del otro en el segundo turno.

Tex había pasado la mayor parte de su vida adulta manejando un torno de prensa en el mismo taller. Era el típico mecánico. Llevaba una pequeña gorra de franjas grises y blancas — siempre grasosa —, y unos overoles que ya necesitaban un cambio de aceite. Y, por supuesto, mascaba tabaco, lo cual significaba que escupía a cada rato. Su estuche de tabaco lo mantenía abierto en el bolsillo derecho del pantalón, y mientras operaba su torno extendía la mano hacia atrás, agarraba un puñado de aquella materia ácida, se la metía en la boca, y la mascaba por alrededor de una hora. Todo ese procedimiento tenía lugar sin que sus ojos se apartaran jamás de su trabajo en el torno. Era fácil que Tex mascara el contenido de varios estuches de esos por semana.

Cierta noche caliente y pegajosa por la humedad, mientras yo estaba trabajando detrás de Tex en un torno parecido, noté cómo un enorme grillo saltaba como si nada desde afuera, hacia el piso de nuestro taller. Al estudiar aquel pequeño ser, me di cuenta de que el color del grillo era casi idéntico al color del tabaco que Tex tenía en el bolsillo. De modo que, sin que Tex se diera cuenta, di un paso y aplasté al grillo con el pie y lo saqué rápidamente de debajo de mi zapato en el estado horrible en que se encontraba. Luego le arranqué la cabeza, extendí la mano y coloqué el resto del insecto muy suavemente sobre la parte superior del estuche de tabaco que Tex mantenía abierto y que sobresalía de su bolsillo. Luego silenciosamente me dirigí hacia mi torno y esperé . . . y observé.

Después de un momento Tex necesitó sustituir su bocado, de modo que extendió la mano y agarró un puñado fresco, pero junto con el bocado de tabaco iba también el grillo. Hasta hoy Tex no tiene la menor idea de qué fue lo que mascó aquella noche. Todavía puedo recordar cómo lo vi escupir alas y patas y porciones del cuerpo del grillo durante la hora siguiente. ¡Fue muy divertido!

Pues bien, cuando uno trabaja en un taller de máquinas, la vida gira en torno a un silbato. Después de marcar en el reloj cuando uno llega, el turno de trabajo comienza con un silbato. Al llegar la hora de almuerzo, se anuncia con el mismo chillido. Cuando termina el turno, hay todavía un llamado más. Es la hora de salida.

Tex había trabajado durante tanto tiempo en el taller, que tenía como un sensor invisible dentro de su cuerpo. Rara vez tenía que mirar el reloj. No sé cómo, siempre sabía cuándo nos acercábamos al último silbato. No puedo acordarme siquiera de una ocasión en que el silbato lo sorprendiera. Sin fallar, un par de minutos antes que sonara el silbato Tex estaba siempre aseado y listo para marcar la salida.

En cierta ocasión le dije:

— Bueno, Tex, ya casi es hora de empezar a alistarse para la hora de salida.

Nunca olvidaré su respuesta. Con su lenta entonación tejana me contestó:

— Oye, muchacho, yo siempre estoy listo... para no tener que alistarme para la hora de salida.

Era su modo de decir: "Ese silbato final nunca me va a agarrar desprevenido."

Han transcurrido muchos años desde que yo trabajaba con Tex, pero su respuesta me ha resonado en la mente cuando pienso en la trompeta final antes del regreso de nuestro Señor. No será el sonido de un silbato en un taller de máquinas, sino que tendrá otros sonidos mucho más ensordecedores. En efecto, la Biblia dice:

Porque el Señor mismo con voz de mando ... descenderá del cielo ... (1 Tesalonicenses 4:16).

La palabra significa "un alarido". No sé si será el Señor mismo o alguien cerca de Él quien lo lance, pero vendrá del cielo un fuerte alarido. Y eso no es todo. También será...

... con voz de arcángel, y con trompeta de Dios ... (v. 16).

Y entonces:

... los muertos en Cristo resucitarán primero. Luego nosotros los que vivimos, los que hayamos quedado, seremos arrebatados juntamente con ellos en las nubes para recibir al Señor en el aire, y así estaremos siempre con el Señor. Por tanto, alentaos los unos a los otros con estas palabras (1 Tesalonicenses 4:16-18).

Y usted, ¿se mantiene "listo para la hora de salida"? A veces me pregunto cuántos serán tomados por sorpresa. ¿En alguna oportunidad, mientras usted está bien metido en sus actividades diarias, le vienen pensamientos como: "Hombre, tal vez suceda hoy. Pudiera ser que el Señor viniera inmediatamente después de la cena"? O: "Puede ser que Él regrese esta noche, antes de la hora de dormir." Sé cuándo es que la mayoría de nosotros pensamos en eso: creo que solamente ¡cuando nos toca pagar impuestos! Es entonces cuando todos desearíamos que el Señor venga pronto. Pero, hablando en serio, ¿alguna vez le pasa por la mente algo así: "Hoy podría ser mi último día en la tierra. Hoy Dios podría abrir los cielos y gritar: '¡Es hora de salida!' "?

Hay personas que tendrían que admitir que jamás les cruza por la mente un pensamiento así. Quiero decir, nunca, a pesar de que nuestro Señor, mientras todavía estaba en la tierra, dio numerosas predicciones acerca de su retorno.

Algunas predicciones de la vida de Jesús

Fijémonos en algunas de ellas. He escogido una de cada uno de los cuatro evangelios.

Periódicamente, durante su ministerio, Cristo se refirió a esto. Cada vez que mencionó su retorno seguro, sus palabras parecieron una llamada para despertarnos en la madrugada.

Velad, pues, porque no sabéis a qué hora ha de venir vuestro Señor. Pero sabed esto, que si el padre de familia supiese a qué hora el ladrón habría de venir, velaría, y no dejaría minar su casa (Mateo 24:42-43).

¡Qué práctico! Si alguna vez usted ha dejado la casa sola durante la noche, y un ladrón se ha metido, o si su negocio alguna vez ha sido objeto de un robo a medianoche, usted sabe que el ladrón tuvo éxito debido a que su entrada era inesperada y su salida no fue detectada. Ese es el punto de Jesús aquí. "Mi llegada será como la de un ladrón en la noche. Cuando menos lo esperen, vendré." Luego aplica esto a su regreso:

Por tanto, también vosotros estad preparados; porque el Hijo del Hombre vendrá a la hora que no pensáis (v. 44).

La semana pasada leí acerca de un vehículo blindado que fue dejado sin vigilancia durante menos de cinco minutos. Tenía adentro más de un millón de dólares. En esos momentos de descuido, llegaron unos ladrones y se llevaron todo. Supieron exactamente cuándo llegar y cuándo irse, de modo que nadie se percató de que estaban allí . . . hasta que ya fue demasiado tarde. Palabras parecidas acerca del mismo acontecimiento encontramos en el Evangelio según San Marcos 13:33-37. Otra vez, habla Jesús:

> *Mirad, velad y orad; porque no sabéis cuándo será el tiempo. Es como el hombre que, yéndose lejos, dejó su casa, y dio autoridad a sus siervos, y a cada uno su obra, y al portero mandó que velase. Velad, pues, porque no sabéis cuándo vendrá el señor de la casa; si al anochecer, o a la medianoche, o al canto del gallo, o a la mañana; para que cuando venga de repente, no os halle durmiendo. Y lo que a vosotros digo, a todos digo: Velad.*

Pudiera resultarnos extraña esa referencia al "canto del gallo". Es que para nosotros la noche no se divide como se hacía en el tiempo de Jesús. En el siglo primero se acostumbraba dividir la noche en vigilias: exactamente cuatro vigilias de tres horas cada una. La primera vigilia comenzaba al atardecer, hacia las seis de la tarde, y terminaba a las nueve de la noche. Luego venía la segunda vigilia, desde las nueve de la noche hasta la medianoche. Y la tercera vigilia iba desde la medianoche hasta las tres de la madrugada. En latín esa vigilia era designada como gallicinium, y supongo que el nombre se derivaba del canto del gallo. ¡Jesús podría venir a esa hora! O podría venir al amanecer, dice Él; en la hora de bruma antes de salir el sol. En otras palabras: puede venir en cualquier momento.

Lucas consigna unas palabras semejantes. Entre más leemos esas reiteradas palabras de Jesús, más certeza cobramos. No sólo la certeza de que él va a volver, sino la certeza de que debemos estar preparados.

> *Mirad también por vosotros mismos, que vuestros corazones no se carguen de glotonería y embriaguez y de los afanes de esta vida, y venga de repente sobre vosotros aquel día* (Lucas 21:34).

¡Note la diferencia! Mateo usa la analogía del ladrón, y Lucas compara el acontecimiento con una trampa o lazo que puede caernos encima. Si a usted lo sorprende en una situación comprometedora, lleno de preocupación, o en estado de embriaguez o en una vida disipada — como les pasará a algunas personas —, entonces no estará usted listo para la hora de salida. La advertencia es clara: no se deje sorprender, no sea que la venida del Señor sea para usted una trampa.

> *Porque como un lazo vendrá sobre todos los que habitan sobre la faz de toda la tierra. Velad, pues, en todo tiempo orando que seáis tenidos por dignos de escapar de todas estas cosas que vendrán, y de estar en pie delante del Hijo del Hombre* (vv. 35-36).

Muchos años después, a fines del siglo primero, Juan anotó sus observaciones y reflexiones. Entre los aportes más significativos de Juan estuvieron sus escritos acerca del discurso de Jesús en el aposento alto. Jesús está con los doce la noche de su arresto, en la víspera de la crucifixión. Estando allí, de pronto revela la verdad de su muerte inminente. A los discípulos los toma desprevenidos. Se conmueven visiblemente, lo cual es comprensible. Si hubiéramos estado entre sus discípulos, también nosotros habríamos estado esperado que Él viviera para siempre, que estableciera su reino, y que nos llevara consigo al ser declarado Rey de reyes y Señor de señores, y con autoridad sobre toda la tierra.

Pero en eso Él introduce un cambio en el plan de juego: les presenta la Cruz. Llenos de confusión, duda y temor, los discípulos se quedan mirándolo estupefactos mientras Él habla de su muerte inminente. Eso explica por qué les dijo él lo que les dijo con relación a su retorno.

> *No se turbe vuestro corazón; creéis en Dios, creed también en mí. En la casa de mi Padre muchas moradas hay; si así no fuera, yo os lo hubiera dicho; voy, pues, a preparar lugar para vosotros. Y si me fuere y os preparare lugar, vendré otra vez, y os tomaré a mí mismo, para que donde yo estoy, vosotros también estéis* (Juan 14:1-3).

Notemos que a los ansiosos Jesús les da una promesa incondicional. No les dice: "Si ustedes me están esperando, volveré." Ni siquiera dice: "Si ustedes caminan conmigo, volveré." No; su promesa es absolutamente incondicional. "Me voy a preparar un lugar ... vendré otra vez ... los tomaré conmigo ... ustedes estarán conmigo." Su regreso no era cuestión de conjeturas; iba a ocurrir definitivamente.

Sin duda ellos se estaban preguntando qué podían esperar mientras tanto. En cuestión de minutos Jesús les salió al paso:

> *Estas cosas os he hablado para que en mí tengáis paz. En el mundo tendréis aflicción; pero confiad, yo he vencido al mundo* (Juan 16:33).

"He salido del cielo. He iniciado mi ministerio en esta tierra. Me ha sustentado el poder de Dios. Pronto completaré mi misión. Debo ir a la cruz para pagar la pena por los pecados. Saldré victorioso del sepulcro. Ascenderé al Padre. Y volveré otra vez en el momento que él tenga designado." Entretanto, los desafía a mantenerse alerta. Les dice: "Manténganse listos hasta la hora de salida"; pues mientras esperaban su retorno, ellos iban sin duda a enfrentar aflicción y tribulación.

Desde que comenzamos este libro hemos venido encaminándonos hacia este tema, ¿verdad? Hemos estado pensando acerca de la iglesia: su propósito, sus objetivos, su estilo, y los cambios que se darán durante estos últimos días. En el capítulo anterior tocamos un par de lineamientos que debemos seguir a la luz de los días de dificultad que debemos soportar. Podría ser útil pensar que ellos son como "técnicas de sobrevivencia". ¿Cómo lo lograremos? Puesto que el mundo nos va a hacer difíciles los tiempos, ¿cómo podemos vivir con valentía, sabiendo que Jesús ha vencido al mundo? ¿Qué debemos hacer quienes somos parte de la iglesia?

Es bien claro que Cristo va a regresar. Nuestra pregunta es: ¿Cuál es la mejor forma en que podemos mantenernos "listos para la hora de salida"?

Principios específicos según la pluma de Pablo

Volvamos a aquellas últimas palabras que escribió Pablo en la segunda carta a Timoteo. Las sacó del tintero poco después del año 60 de nuestra era. Se había acercado al final de su vida, y eso lo apremiaba a describir la vida al final de los tiempos. Como vimos en el capítulo anterior, los tiempos se van a empeorar. Pablo no se anda con rodeos cuando le escribe a su amigo Timoteo y le dice: "Nos esperan tiempos difíciles . . . en realidad serán tiempos salvajes." ¿Cómo podemos mantenernos listos para la escena final? ¿Cómo podemos estar seguros de que el cierre del telón no nos va a tomar por sorpresa y que no vamos a terminar mal? ¿Qué hemos de hacer?

Como lo mencioné anteriormente, hay cuatro principios que seguir. Se plantean en los capítulos tercero y cuarto de 2 Timoteo. Quizás recuerde usted el primero: *Siga el modelo de los que han sido fieles.*

> *Pero tú has seguido mi doctrina, conducta, propósito, fe, longanimidad, amor, paciencia, persecuciones, padecimientos, como los que me sobrevinieron en Antioquía, en Iconio, en Listra; persecuciones que he sufrido, y de todas me ha librado el Señor. Y también todos los que quieren vivir piadosamente en Cristo Jesús padecerán persecución* (2 Timoteo 3:10-12).

No hay nada más alentador o motivador que un modelo que nos ayude a seguir adelante.

En el estado de Minnesota se realiza todos los años una carrera de trineos tirados por perros, en una distancia de 800 kilómetros. La misma señora que ganó en 1987 volvió a ganar en 1988. ¡Es una mujer pionera! Perseveró a través del tremendo frío, en medio del silbido de los vientos de un vendaval, con noches oscuras y días agotadores, mientras sus perros bien amaestrados fueron tirando su trineo a lo largo de esos cientos de kilómetros desde el inicio de la carrera hasta el final. Los perros llevaban una especie de medias en las patas, puesto que después de tantos kilómetros el hielo raspa como lija y les puede arrancar la piel de las patas. Aunque fuertes y en excelentes condiciones, los esforzados animales con sus medias en las patas iban ladrando, tirando el trineo y avanzando a pesar de las dificultades.

Después de la carrera, la mujer fue entrevistada y le preguntaron:

— ¿Cómo lo logró?

— Bueno — dijo ella —, simplemente recordé que otros lo habían hecho antes que yo, de modo que yo también podría hacerlo.

Como si eso no fuera suficiente, cuando narré esa historia hace poco, un hombre me contó que en Alaska se hace una carrera parecida, de 1.700 kilómetros, desde Anchorage hasta Nome. Me informó además que la misma mujer, Susan Butcher, ha ganado la carrera tres veces seguidas. ¿No es increíble? Son carreras de diez a doce días en una zona totalmente deshabitada. Una monotonía que volvería loco a cualquiera. Una tensión inimaginable. ¿Cómo lo hace? Le puedo decir parte de la respuesta. Ella se acuerda de que alguien más lo hizo antes que ella. Eso le infunde la confianza de que ella también puede hacerlo.

Lo mismo es aplicable hoy. Siguiendo el modelo de aquellos que han ido antes de nosotros, podemos hacer mucho más que sobrevivir: ¡podemos triunfar! Es así como los compositores de música perseveran en la tarea de escribir música. Es así como hay seres humanos que sobreviven como prisioneros de guerra en medio de condiciones infrahumanas. Es así como los cirujanos continúan esforzándose a lo largo de las horas de la noche en una operación de emergencia. Es así como los atletas establecen nuevas marcas. Han existido modelos que lo han hecho antes que nosotros.

Lo mismo funciona en la vida espiritual. Por eso Pablo le dice a Timoteo que siga el modelo de fe de su madre y su abuela y que también imite el ejemplo del propio Pablo.

¡Qué legado tan rico! Timoteo tenía profundas raíces que lo sostenían para soportar los días de sequedad y de improductividad.

¿Recuerda el segundo principio? Este principio era: *Vuelva a la verdad de su pasado.* Al seguir usted el modelo de los que han sido fieles, vuelva a las cosas que aprendió de su madre, la verdad que cosechó de su abuela, y sus primeros años a los pies de un mentor en el aula. Regrese a esas verdades que le dieron estabilidad cuando usted estableció sus raíces espirituales.

Hace algunos meses pasé unas cuantas horas en Chicago, grabando una entrevista para la revista *Leadership*. Yo era uno de cuatro hombres que habían sido invitados de distintos lugares de los Estados Unidos para ser entrevistados. Nunca olvidaré un comentario que hizo uno de ellos, quien ocupa un cargo de

responsabilidad en una gran denominación. Él está en contacto
con la situación de la iglesia en general y dijo algo así:

> Hemos descubierto que los que resultan mejores
> líderes eclesiásticos, los que ocupan cargos importantes
> y responsables sobre amplios números de gente, son
> casi sin excepción personas que tienen raíces profundas
> y de mucho tiempo en la fe. Muy pocos son los que
> experimentaron la conversión a los 35 ó 40 años de
> edad, y ahora dirigen un gran sector de la familia de
> Dios. Casi sin excepción, aquellos que han sido ascen-
> didos a puestos de gran responsabilidad tienen en su
> historial a padres piadosos, e incluso abuelos, que si-
> guieron los caminos de Dios. Y fue de ellos que apren-
> dieron, desde su más tierna infancia, el valor de la iglesia
> y el gran significado de las Escrituras.[23]

No quiero que interprete mal esta afirmación. No significa que
si usted se convirtió ya mayor, nunca podrá tener un puesto de
gran responsabilidad. Como cristianos, todos nosotros tenemos
grandes responsabilidades. Simplemente es interesante ver cómo
la mayoría de aquellos que ocupan puestos de liderazgo de mucha
visibilidad en la iglesia de hoy escucharon la verdad desde el
principio de su vida. Ellos tuvieron raíces cristianas firmes. Si
usted tuvo esa experiencia, este es el momento ideal para darle
gracias a Dios por la clase de fe que usted obtuvo de esas raíces.

Y fíjese que en el versículo 15 Pablo está pensando en

> . . . *las Sagradas Escrituras, las cuales te pueden hacer
> sabio* . . .

Y lo reafirma en el versículo siguiente:

Toda la Escritura es inspirada por Dios . . . (v. 16).

La palabra inspirada es realmente hermosa. Theós (Dios), más
pneuma (aliento, respiración) nos da la palabra griega *theópneus-
tos*: "con el aliento de Dios". Toda la Biblia en su forma original
ha sido inspirada por Dios de modo tal que el escritor, dirigido
por el poder del Espíritu de Dios, escribió su porción de la Biblia
precisamente como Dios quería que la escribiera. Lo hizo sin error,
hasta los términos mismos que empleó, incluso el orden en que

se escribieron esos términos, trayendo como consecuencia que se registrara milagrosamente la palabra misma de Dios. Literalemente está diciendo: "Todo eso fue 'respirado por Dios', Timoteo."

Pero esta verdad no termina ahí, púes se ha preservado en las páginas de nuestra Biblia para que, como resultado de leer y absorber las Escrituras, encontremos que es

> . . . *útil para enseñar, para redargüir, para corregir, para instruir en justicia . . .* (v. 16).

¿No es cierto que estos son beneficios grandiosos? Por importante que pueda ser, el ser excelentes padres no es un prerrequisito absoluto para el crecimiento espiritual ni para la participación en el liderazgo de la iglesia. Dios nos ha entregado la Biblia a cada uno de nosotros en nuestro propio idioma, con la promesa de que es provechosa para enseñar, para redargüir, para corregir, para instruir en justicia. Cada uno de nosotros tiene la posibilidad de convertirse, como Timoteo, en una persona capaz, madura, preparada para toda buena obra. La verdad de Dios ha sido colocada en nuestro depósito. Todo eso explica por qué Pablo puede decirle a su amigo Timoteo: "En los tiempos difíciles, saca fuerzas de las Escrituras."

Lamentablemente nuestra Biblia tiene una división de capítulos entre 2 Timoteo 3:17 y 2 Timoteo 4:1, lo cual interrumpe la corriente del pensamiento. Pasemos por alto esa división. Simplemente consideremos el nuevo capítulo como la continuación del mismo tema.

> *Te encarezco delante de Dios y del Señor Jesucristo, que juzgará a los vivos y a los muertos en su manifestación y en su reino* (v.1).

Al mencionar que nuestro Señor juzgará a los vivos y a los muertos, Pablo le está recordando a Timoteo que Cristo retornará. La "hora de nuestra partida" es una realidad segura y Pablo dice: "Hasta que él vuelva, Timoteo, quiero . . ."

> . . . *que prediques la palabra; que instes a tiempo y fuera de tiempo; redarguye, reprende, exhorta con toda paciencia y doctrina* (v.2).

Estas afirmaciones nos llevan al tercer principio de "sobrevivencia" que es el siguiente: *Proclame el mensaje de Cristo*. Timoteo ha sido llamado a ser un predicador y es razonable que proclame a Cristo. Tal vez usted no sea un predicador, pero aun así el principio sigue siendo válido. A la luz de estos días de dificultad, todos nosotros debemos poner atención a este mismo mandato.

Al pensar en la instrucción que da Pablo, encuentro tres ingredientes implícitos en ella. Primero, encuentro que existe *urgencia*. Es un llamado a estar preparados. Es un mandato que dice: "Manténgase listo para no tener que alistarse." Esté listo teniendo el mensaje correcto en todo momento.

En segundo lugar, encuentro la *consistencia*. Le aconseja que "Esté listo a tiempo y fuera de tiempo." Hagamos una lista de algunas ocasiones:

- Cuando es cómodo y cuando es incómodo.
- Cuando los demás muestran apertura, o cuando muestran resistencia.
- Cuando usted se siente bien o cuando se siente mal.
- Sea que usted sea joven o viejo.
- Sea temprano o tarde..
- Sea que haga frío y viento, o calor y humedad.
- Sea que usted esté en público o en privado, en casa o en un lugar extraño.
- Cuando los demás lo aprecian, o cuando lo menosprecian.
- Cuando se lo piden o cuando no se lo piden.

El consejo es: "A tiempo y fuera de tiempo." Pablo está diciendo que el secreto es que haya consistencia. ¡Qué fuerza tan eficaz constituyen los que conocen la verdad y la viven de modo consecuente, y la comparten! Cuando lo hacemos así, las Escrituras llegan a permear nuestro propio ser.

Spurgeon lo expresaba así:

> Es cosa bienaventurada el alimentarnos de la misma alma de la Biblia, hasta que, por fin, uno llega a hablar en lenguaje bíblico, y su espíritu adquiere el sabor de las

palabras del Señor, de modo que la sangre de uno es *"biblina"* y la esencia misma de la Biblia emana de uno.[24]

El tercer ingrediente que encuentro la *sencillez*. ¿No cree usted que esto es hermoso? La exhortación de Pablo no tiene nada de sofisticado. Sin teorías, sin opiniones complejas aconseja a: "Simplemente toma el depósito de verdad que yo he dado, y declárala. Puesto que tienes las Escrituras, tienes todas las provisiones que necesitas para los que tienen hambre." La Palabra de Dios contiene suficiente consuelo, esperanza y aliento para ayudar a los que se encuentran solos y sufriendo. Lo que necesitamos es mantener el mensaje sencillo. La sencillez tiene algo que produce una tranquila motivación.

En uno de mis libros anteriores cité una nota sencilla procedente de los días oscuros y brutales de la Guerra Civil de los Estados Unidos (1861-1865). Se trata de un comunicado que escribe el Presidente Lincoln, a su general Ulysses S. Grant, cuando estaba ya cansado de tantas batallas. Consta de sólo tres líneas, y sin embargo fue como el proyectil escrito que puso fin a la guerra. En la parte superior aparecen la fecha y la hora:

7 de abril, 1865
11 a.m. en punto

El General Sheridan dice: "Si se presiona la cosa, creo que Lee se rendirá."

Que se presione la cosa.
A. Lincoln[25]

Grant recibió el mensaje y lo puso en acción. Presionó. Dos días después, en el palacio de justicia de Appomattox, Robert E. Lee, general del ejército del sur, se rindió. La cosa se presionó, y así llegó a su fin la guerra más cruenta en la historia estadounidense. La sencillez es realmente poderosa.

¿Quiere usted mantenerse listo hasta la hora de partida de este mundo?

- Siga el modelo de los que han sido fieles.
- Vuelva a la verdad de su pasado.
- Proclame el mensaje de Cristo.

Hay un último principio y es el siguiente: *Mantenga una vida ejemplar.*

> *Porque vendrá tiempo en que no sufrirán la sana doctrina, sino que teniendo comezón de oír, se amontonarán maestros conforme a sus propias concupiscencias, y apartarán de la verdad el oído y se volverán a las fábulas. Pero tú sé sobrio en todo, soporta las aflicciones, haz obra de evangelista, cumple tu ministerio* (vv. 3-5).

Siempre habrá maestros que adulen las fantasías de la gente, diciéndoles lo que ellos quieren oír en vez de lo que *deben* oír. Podemos contar con eso: cuanto más nos acerquemos al regreso del Salvador, más proliferarán esos aduladores de oídos. ¿Cómo podemos contrarrestar eso?

La respuesta aparece en cuatro órdenes que se dan en *staccato* en el versículo 5:

- Sé sobrio en todo.
- Soporta las aflicciones.
- Haz obra de evangelista.
- Cumple tu ministerio.

Debido a que la gente es inestable y anda siempre en busca de modas atractivas y novedades astutas, nosotros debemos mantener un rumbo que esquive toda insensatez, manteniendo la calma y la constancia. Una vez más, son dignas de repetirse las palabras de John Stott:

> Cuando los hombres y las mujeres se están emborrachando con herejías embriagantes y novedades llamativas, [nosotros] debemos mantenernos calmados y cuerdos.

¿Quiere un consejo para encontrar la iglesia correcta? Busque un ministerio que sea sobrio y cuerdo. Manténgase alejado de aquellos que exhiben todas las modas deslumbrantes, de los que gustan de llamar la atención, de los que se las dan de vivos.

Y cuando las cosas se ponen más difíciles, "soporte las aflicciones". En otras palabras, aguante. Persevere. No se amargue ni flaquee. Simplemente continúe proclamando a Cristo. Consciente de que los hipócritas y falsos van a ir prosperando, viva la verdad y practique lo que predica, pues haciendo eso, "cumplirá su ministerio".

Verdades eternas que nos mantienen preparados

Porque yo ya estoy para ser sacrificado, y el tiempo de mi partida está cercano. He peleado la buena batalla, he acabado la carrera, he guardado la fe. Por lo demás, me está guardada la corona de justicia, la cual me dará el Señor, juez justo, en aquel día; y no sólo a mí, sino también a todos los que aman su venida (vv. 6-8).

¿Cómo puede un cristiano mantenerse listo hasta la hora de la partida de este mundo? ¿Cómo podemos evitar ser tomados por sorpresa? ¿Cómo puedo garantizar que mi vida no se sorprenderá al escuchar el último grito, la voz, y el sonido de la trompeta desde el cielo? De las palabras de Pablo surgen tres sugerencias.

Primero: *Considere su vida como una ofrenda para Dios, y no como un monumento para los hombres.* Pablo habla de ser sacrificado (literalmente, de ser derramado como una libación). Es una imagen verbal vívida, digna de imitar. Considérese a sí mismo como la ofrenda. No se esfuerce por su imagen, esfuércese por su ofrenda. Considere su vida como poco más que una ofrenda derramada en honor de Dios, y no como un monumento pulido para ser admirado por los hombres.

Segundo: *Recuerde que el acabar bien es la prueba final de que la verdad funciona.* Esta verdad la encuentro entretejida en las palabras del versículo 7:

He peleado la buena batalla, he acabado la carrera, he guardado la fe.

¿No es cierto que admiramos a las personas que llegan hasta el final? A veces el solo hecho de acabar es tan impresionante como el ganar. Recuerdo que en las Olimpíadas de 1984 había una mujer que corrió la maratón y finalmente llegó de regreso al estadio. Ella iba luchando por mantenerse en pie. Mi familia y yo estábamos mirándola por televisión, y la animábamos: "Vamos, sigue, ¡no te detengas!" Mientras ella trataba de fijar la mirada en la cinta de la meta, tropezó y cayó. Nosotros gritamos todavía más fuerte: "¡Levántate, levántate!" Y ella se levantó. Por fin logró romper la cinta. No ganó nada. Ella llegó tan tarde que ya todo estaba decidido. Para todos los fines prácticos, la carrera había terminado, pero ella logró terminar. Cuando por fin cruzó la meta, no sé lo que ocurría con los televidentes, pero en mi casa aplaudimos y gritamos al unísono: "¡ESO ES!" ¡Alguien hubiera pensado que era nuestra madrina la que iba cruzando aquella línea! ¡La alegría era porque ella llegó hasta el final!

Haga planes desde ahora para acabar lo que usted ha comenzado. Eso le ayudará cuando la carrera parezca demasiado larga.

Pablo concluye:

> *Por lo demás, me está guardada la corona de justicia, la cual me dará el Señor, juez justo, en aquel día; y no sólo a mí, sino también a todos los que aman su venida* (v. 8).

Tercero: Fije la vista en las recompensas del cielo, y no en las seducciones de la tierra. Hay una corona que le espera. Muchas cosas en la vida dependen de dónde fijemos nuestra vista, ¿no es cierto? Hace poco pensé que, a pesar de lo valiosos que son mis ojos, necesitan de la mente antes de poder realizar su labor. Son los globos de mis ojos los que me capacitan para ver; puedo ver con ellos. Pero para poder ver *a través* de las cosas necesito usar mi mente.

Por ejemplo: Lot y Abraham. En el relato que aparece en Génesis, el tío Abraham y el sobrino Lot viven juntos. Dios hace prosperar su ganado de modo tan abundante que ya no pueden permanecer juntos. Entonces Abraham con mucha gracia le dice a su sobrino: "Mira, hijo: decide dónde quieres vivir. Escoge tú. Y dondequiera que tú y tu familia elijan vivir, toma tus pertenencias y tu ganado y múdate. Yo tomaré lo que quede."

¿Qué cree que hizo Lot?

> *Y alzó Lot sus ojos, y vio toda la llanura del Jordán, que toda ella era de riego . . .* (Génesis 3:10).

Lot vio *con* sus ojos lo hermosa que era la región, lo cómoda que era; pero no logró ver *a través* de ella. No se detuvo a pensar: "Ese lugar malvado es Sodoma. Y Gomorra es igual de mala. Allí abunda la perversión. Ese lugar y esa gente van a afectar a mi familia." Como muchos, los vio con los ojos pero no logró ver a través de eso. Recuerde eso. Al usar sus ojos para fijarse en las recompensas del cielo, mantenga su mente alerta para que pueda ver a través de las seducciones de esta tierra.

Malcolm Muggeridge ha citado frecuentemente los versos del poeta inglés William Blake:

Las ventanas del alma en esta vida
distorsionan los cielos por completo;
y nos llevan a creer en las mentiras
cuando vemos con los ojos, pero no a través de ellos.[26]

Si estamos comprometidos a "mantenernos listos hasta la hora de partida de este mundo", el plan no es tan complicado. Necesitaremos seguir el modelo de los que han sido fieles. Necesitaremos volver a la verdad del pasado. Debemos proclamar el mensaje de Cristo. Y en el proceso, no nos atrevamos a fallar en mantener una vida ejemplar.

Es simplemente cuestión de estar alerta, ¿no? Amigo, esta es la llamada para despertarlo. ¿Puede usted oír el despertador? ¿Y le va a hacer caso?

Y ahora ... ¿qué?

1. Tal vez hoy. Tal vez esta noche. ¿Alguna vez le pasa por la mente ese pensamiento cuando pone los pies en el suelo por la mañana o cuando pone su cabeza en la almohada por la noche? Tal vez haya pasado bastante tiempo desde la última vez que usted hizo una reflexión seria acerca del inminente retorno de nuestro Señor. Tome algunas tarjetas pequeñas y anote varios de los pasajes bíblicos extensos que hemos analizado en este capítulo. Lleve consigo esas tarjetas durante una o dos semanas, o colóquelas en un lugar donde pueda verlas a lo largo del día.

2. Vuelva a la lista que está bajo las palabras "Esté listo a tiempo y fuera de tiempo". Debajo de esa frase he enumerado nueve afirmaciones que comienzan con palabras como "Cuando" o "Sea que". En un papel, trate de conectar cada una de esas situaciones descritas allí con personas reales, con lugares verdaderos y con circunstancias de su propia vida. Deje que ese ejercicio comience a dibujarle un cuadro mental de cómo mantener un testimonio de Cristo en su vida y en sus circunstancias.

3. ¿Alguna vez ha memorizado una presentación sencilla del evangelio, una que usted se pueda saber tan bien que la pueda usar en cualquier momento y circunstancia? ¡Es un excelente "ejercicio para despertarse"!

CAPÍTULO 9

EL VALOR DE LA INTEGRIDAD

Aquel martes amaneció frío en la plataforma de lanzamientos. Pero a cierta distancia de la base de Cabo Cañaveral, en aquella helada mañana, el ambiente estaba caldeado por un debate.

Sin que el público lo supiera, una guerra de palabras rugía detrás del escenario. La batalla verbal era por un lado entre ingenieros y técnicos de mente clara que decían "No", y por el otro lado los ejecutivos influyentes y burócratas conscientes de la imagen pública que, decían "Sí". La discusión era en torno a si el transbordador espacial *Challenger* debía ser lanzado esa mañana, del 28 de enero de 1986.

Contra el vehemente consejo de los expertos que sabían que la temperatura había bajado demasiado como para que el lanzamiento pudiera considerarse seguro, la cuenta regresiva continuó hasta cero.

Setenta segundos después — para espanto del mundo entero — los siete tripulantes del *Challenger* perecieron en una enorme explosión. Durante una hora entera estuvieron cayendo escombros al mar.

Los técnicos señalaron que la causa de la explosión fue un sello defectuoso que permitió que el combustible, muy volátil, goteara y prendiera fuego.

Esa fue la explicación técnica. La verdadera razón de la tragedia del *Challenger* iba más hondo que la ruptura de un empaque. Tenía su origen en una ruptura de la integridad, tanto en la construcción del transbordador como en el carácter de aquellos que se negaron a hacer caso a las advertencias.

Una crisis de integridad

Este capítulo no será fácil de escribir. Lo he venido preparando en mi mente por más de tres años. Los acontecimientos que me han llevado a poner por escrito estas reflexiones han sido desgarradores y escandalosos. Han sido motivo de vergüenza para la imagen de los Estados Unidos y, lo que es peor, han paralizado a la iglesia de Jesucristo.

Lo que ha ocurrido en Estados Unidos es nada menos que una crisis de integridad. No ha sucedido de la noche a la mañana. Como la erosión, su embate ha sido lento pero siniestro.

Esta crisis se ha extendido hasta las carreteras estadounidenses, que se han convertido en escenas de matanza. A pesar de los esfuerzos bien intencionados por parte de organizaciones voluntarias, a pesar de una costosa campaña de anuncios, y penas judiciales más estrictas, hay conductores borrachos o drogados que siguen poniéndose al volante y matando a víctimas inocentes. Ahora es cosa bien documentada que por lo menos la mitad de todas las muertes en accidentes de tránsito son causadas por personas culpables de abuso de sustancias. Esas personas carecen de la integridad que se necesita para negarse a manejar irresponsablemente.

El síndrome de inmunodeficiencia adquirida (SIDA) — palabras que no habíamos oído mencionar hace menos de veinte años — es ahora noticia de primera página. Sus implicaciones son insondables. En cuestión de meses, un atleta de cien kilos de peso puede quedar reducido a un espectador de cuarenta kilos, para convertirse por fin en una nota en la columna de obituarios. Si los cálculos oficiales son correctos, esa enfermedad producida por una falla de integridad llenará algún día las páginas de los periódicos. Las estadísticas proyectaron que para 1991, un total de 179.000 estadounidenses morirían de SIDA. Hice un rápido cálculo de la cifra para los Estados Unidos y descubrí que, si se imprimían dos nombres por línea, esa cantidad de decesos ocuparían ochenta y tres páginas de un periódico de tamaño regular, anotándolos de arriba abajo, a seis columnas, y sin incluir ningún titular, foto ni anuncio. Imagínese el aumento que ha ocurrido hasta este momento y lo que es más, imagínese la cantidad de muertes a nivel mundial. Amigo, eso es una epidemia.

El servicio militar estadounidense antes se jactaba de su integridad. La rama de las fuerzas armadas donde yo cumplí mi servicio, la Infantería de Marina, se enorgullecía de su lema, *Semper Fidelis*. En la mente del público, ya no. Gracias a un escándalo de intercambio de relaciones sexuales por espionaje, protagonizado en Moscú por soldados estadounidenses de esta rama del ejército, esos infantes otrora orgullosos se ven ahora forzados a aguantar la vergüenza de un caricaturista editorial que acompañaba su caricatura con la inscripción *Semper Infidelis*. Unos infantes de marina echaron por la borda la integridad cuando acompañaron a unos agentes soviéticos hasta los aposentos más privados del consulado estadounidense en Moscú, incluyendo el "seguro" centro de comunicaciones supersecretas. Les revelaron listas completas de agentes secretos, dejándolos amenazados por la revelación. La transmisión repetida de códigos secretos y documentos inmovilizó planes de defensa futuros.

¿Qué provocó que los infantes de marina hicieran tal cosa? ¿Los obligaron a punta de revólver? ¿Les lavaron el cerebro o los torturaron? ¿Hubo un chantaje nuclear? Nada de eso. Fue la lujuria sexual, fue el debilitamiento de la integridad moral.

El terreno político, que una vez fue punto de gran admiración y confianza de alto nivel, es ahora un ensayo de la componenda moral. Abundan los escándalos. Sigue apareciendo de todo, desde plagios hasta alcoholismo, desde el engaño hasta la corrupción, desde favores sexuales hasta sobornos. Una vez más, la integridad brilla por su ausencia.

Y a pesar de lo difícil que me resulta incluir la categoría final que sigue, no puedo omitirla. Me refiero al horroroso historial de tantos líderes religiosos, especialmente en los últimos años. Estoy consciente de que siempre ha habido algunos líderes con falta de integridad, pero no logro recordar ninguna época en la historia moderna de la iglesia en que haya sido tan alto el número de desertores, ni tan descarada la medida de sus actividades cuestionables o vergonzosas. Repasar cada incidente es a la vez innecesario y contraproducente, pero es esencial recordar las consecuencias.

La opinión pública acerca de los trabajadores religiosos está en el punto más bajo de todos los tiempos. El famoso encuestador George Gallup, Jr., dijo hace poco a un grupo de cristianos recaudadores de fondos que "el 42% de los estadounidenses dudaba de la honradez de algunas, si no de la mayoría, de las solicitudes de donaciones para fines religiosos".[27] De lo que realmente dudan es de nuestra integridad.

La integridad es insustituible

Antes de seguir adelante necesitamos definir el término. Desde el punto de vista bíblico, la noción de integridad representa una palabra hebrea que significa "entero, sano, inalterado". Se trata de la condición de hallarse intacto, de la adhesión a un código de valores morales, artísticos u, otros; la calidad o estado de estar completo o no dividido. Cuando uno tiene integridad, no hay hipocresía. La persona íntegra es personalmente confiable, responsable en lo financiero, y en su vida privada es limpia, inocente de móviles impuros. Alguien dijo lo siguiente sobre este tema:

> Hay una mezcla de valor, carácter y principios que no tiene un nombre satisfactorio en el diccionario, pero que se le ha puesto diferentes nombres en diferentes épocas y en diferentes países.[28]

La integridad no es solamente la forma de pensar de uno, sino principalmente su forma de actuar. Como lo asevera Ted Engstrom: "La integridad es hacer lo que uno dijo que iba a hacer".[29] Es algo tan fundamental como cumplir uno con su palabra y con sus promesas. Por ejemplo:

- Usted le dijo al Señor que le daría a Él toda la gloria.
- Usted prometió que sería fiel a su cónyuge.
- Usted declaró ante quienes es responsable que sus gastos ascendían a determinada cifra.
- Usted le prometió a su hijo jugar pelota con él esta tarde.
- Usted le dijo al editor que tendría listo el manuscrito para el 20 de marzo.

- Usted le dijo a su compañero de cuarto que cumpliría con su parte de las responsabilidades compartidas.
- El día de su ordenación usted prometió que sería fiel a su vocación.
- Usted firmó un contrato que lo comprometía a ciertas cosas específicas.
- Usted le dijo a su vecino que le devolvería la herramienta que él le había prestado.
- Usted juró decir la verdad cuando compareció ante el tribunal.
- Usted afirmó que iba a orar por una persona, o devolver una llamada telefónica, o pagar su cuenta, o presentarse a las 6:30, etc.

No hay razón para complicar las cosas ni buscar excusas. El hacer lo que uno dijo que haría es simplemente cuestión de integridad. No hay nada que pueda sustituir el tener las agallas para cumplir la palabra que uno empeñó.

La integridad se manifiesta en la honradez ética, la veracidad intelectual, y la excelencia moral. Nos guarda de temerle a la luz blanca de una investigación minuciosa, y no nos permite resistirnos al escrutinio en que se nos pide cuentas. La integridad es la honradez a toda costa. Incluye un carácter de roca inquebrantable, que no presenta fisuras cuando uno es el único que sostiene una postura, ni se desmorona al aumentar la presión.

La integridad en la Biblia

La noción de integridad aparece no menos de dieciséis veces en la Biblia, siempre en el Antiguo Testamento. Por ejemplo el salmista, sometido a persecución, ora así: "Júzgame, oh Jehová . . . conforme a mi integridad" (Salmo 7:8). Y también, frente a la tentación: "Integridad y rectitud me guarden" (25:21). Al buscar un nuevo rey para sustituir a Saúl, Dios quería un joven que tuviera integridad. Es formidable la descripción del proceso de selección que se nos consigna en el Salmo 78:70-72.

Eligió a David su siervo, y lo tomó de las majadas de las ovejas; de tras las paridas lo trajo, para que apacentase a Jacob su pueblo, y a Israel su heredad. Y los apacentó conforme a la integridad de su corazón, los pastoreó con la pericia de sus manos.

El sabio Salomón declara cómo la huella de la integridad de un padre marca para bien a sus hijos:

Camina en su integridad el justo; sus hijos son dichosos después de él (Proverbios 20:7).

Con frecuencia los personajes bíblicos manifiestan integridad, sin que se use la palabra. José, siendo el mayordomo de confianza de Potifar, se convirtió en blanco de los intentos de seducción de la mujer de Potifar. Usted debe leer el relato en Génesis 39. Las Escrituras presentan a todo color los lascivos y repetidos intentos de esa mujer por lograr que José se acostara con ella. Casi puede uno sentir los brazos de esa mujer tentadora y percibir la fragancia de su perfume. La luz es baja, las sábanas son finas, se ha puesto el vino en el vaso, hay una suave música de fondo, están solos . . . ¡y ella arde en deseo por él!

Pero la parte más hermosa de la historia es la integridad de José. Por devoción a su Dios y por lealtad a su amo (el esposo de ella), José se escapa, literalmente, de los brazos de la mujer. Por la forma en que se nos relata, vemos que hasta rehusó acariciar la idea de ceder. No le dio la menor señal de coqueteo, ni siquiera sutilmente. Ese hombre tenía agallas morales, cosa poco común en estos días de tantos romances desenfrenados.

¿Otros ejemplos? Pensemos en Elías. Armado con el mensaje de Dios, se mantuvo enfrentado con Acab y Jezabel, advirtiéndoles del juicio que se aproximaba (1 Reyes 17:1). También pienso en Natán, el valiente profeta que tuvo la audacia de mirar a los ojos del adúltero David y decirle: "Tú eres aquel hombre" (2 Samuel 12:1-12). Qué tal de la integridad de Juan el Bautista, quien atrajo a una muchedumbre al desierto, pero nunca se aprovechó de la oportunidad para formar un bando de seguidores en torno a sí. Fue un predicador que de buen grado dejó que su congregación se fuera en pos de otro, llamado Jesucristo, mientras daba ejemplo de su humilde declaración de integridad: "Es necesario que él crezca, pero que yo mengüe" (Juan 3:30). Me acuerdo de Esteban, cuyo valiente testimonio de Cristo provocó a tal punto la hostilidad del Sanhedrín de los judíos, que lo mataron a pedradas. Hasta el mismo final de su vida se mantuvo diciendo la verdad sin titubeos (Hechos 6:8-7:60) . . . y esa puede haber sido la primera vez que Saulo de Tarso oyó el evangelio (Hechos 7:58).

Me resulta alentador ver que esos grandes ejemplos de integridad mencionados en la Biblia son personas que se pueden hallar en todos los niveles de la sociedad, en cualquier estrato económico, llenando todas las funciones y ocupaciones concebibles, viviendo en lugares de hermosura o de pobreza, representando por igual a solteros y casados. En Hebreos 11 se nos plantea una lista de tales personas, incluyendo un hombre o una mujer después de otro. Aunque llevaron vidas ejemplares (no perfectas), su destino terrenal no fue nada agradable ni gratificante.

> *¿Y qué más digo? Porque el tiempo me faltaría contando de Gedeón, de Barac, de Sansón, de Jefté, de David, así como de Samuel y de los profetas; que por fe conquistaron reinos, hicieron justicia, alcanzaron promesas, taparon bocas de leones, apagaron fuegos impetuosos, evitaron filo de espada, sacaron fuerzas de debilidad, se hicieron fuertes en batallas, pusieron en fuga ejércitos extranjeros. Las mujeres recibieron sus muertos mediante resurrección; mas otros fueron atormentados, no aceptando el rescate, a fin de obtener mejor resurrección. Otros experimentaron vituperios y azotes, y a más de esto prisiones y cárceles. Fueron apedreados, aserrados, puestos a prueba, muertos a filo de espada; anduvieron de acá para allá cubiertos de pieles de ovejas y de cabras, pobres, angustiados, maltratados; de los cuales el mundo no era digno; errando por los desiertos, por los montes, por las cuevas y por las cavernas de la tierra* (vv. 32-38).

Que no se entienda mal. Tener integridad no es por lo general cuestión de destacarse sobremanera ni de siempre entregar la vida como mártir. Lo más frecuente es que sea en los ámbitos callados, poco notorios y poco aplaudidos de la vida donde demuestra uno la integridad. Ocurre muchas veces dentro de los muros de su propia casa o en las cámaras secretas del propio corazón.

Daniel, un ejemplo clásico de integridad

Un hombre de la Biblia cuyo apellido pudo haber sido Integridad se destacó visiblemente sobre sus semejantes. Su superior de sesenta y dos años, el rey Darío, no tenía idea de hasta qué punto eran corruptos los colegas de Daniel. Sin embargo admiraba a Daniel, e hizo planes para ascenderlo por sobre todos los demás. He aquí un breve resumen de la historia, tal como se desarrolló hace siglos:

> *Pareció bien a Darío constituir sobre el reino ciento veinte sátrapas, que gobernasen en todo el reino. Y sobre ellos tres gobernadores, de los cuales Daniel era uno, a quienes estos sátrapas diesen cuenta, para que el rey no fuese perjudicado. Pero Daniel mismo era superior a estos sátrapas y gobernadores, porque había en él un espíritu superior; y el rey pensó en ponerlo sobre todo el reino* (Daniel 6:1-3).

En términos generales, en la vida hay dos clases de pruebas: la adversidad y la prosperidad. De las dos, la segunda es la más difícil. Cuando sobreviene la adversidad, las cosas se vuelven simples: la meta es sobrevivir. Es una prueba referente a cómo mantener los elementos básicos de alimentación, ropa y techo. Pero cuando viene la prosperidad, ¡cuidado! Las cosas se complican. Surge toda clase de tentaciones sutiles, cada una de las cuales pide ser satisfecha primero. Es entonces que se pone a prueba la integridad de cada cual.

Ese era el punto en que se encontraba Daniel: era un hombre de confianza del rey, era exitoso, estaba a punto de ser ascendido. Pero ninguna de esas cosas le hizo poner en peligro su integridad, ni siquiera levemente. A pesar de su carácter intachable, la presión iba en aumento. Sus colegas, sin duda por celos, decidieron buscar trapos sucios en la vida de Daniel con el fin de informarle al rey.

> *Entonces los gobernadores y sátrapas buscaban ocasión para acusar a Daniel en lo relacionado al reino; mas no podían hallar ocasión alguna o falta, porque él era fiel, y ningún vicio ni falta fue hallado en él* (v. 4).

Se pusieron a espiarlo, a hablar de él con otros, a vigilarlo, y rebuscaron su expediente. Estaban resueltos a encontrar una acusación en su contra. No encontraron NADA. Ningún truco. Ningún fondo secreto. Ningún fraude. Ningún encubrimiento apresurado. Ninguna ganancia ilícita. Ningún indicio de corrupción. El hombre era impecable y puro. *¡Qué ejemplo de integridad!* Es urgente que en nuestros días nos despertemos a este valor y lo practiquemos, sin importar cuánta mediocridad haya a nuestro alrededor. En todas las áreas de la vida. Por tanto tiempo hemos existido sin él, que ya no esperamos encontrarlo, tal vez con la excepción de unos cuantos ámbitos aislados en la sociedad. Pero la integridad encaja bien dondequiera que se encuentre.

Aquella sociedad que se mofa de la excelencia en la plomería porque la plomería es una actividad humilde, pero que tolera la chapucería en la filosofía porque se trata de una actividad sublime, no tendrá ni buena plomería ni buena filosofía. Ni sus cañerías ni sus teorías podrán contener el agua.[30]

El tener integridad no es cosa que siempre nos permitirá ganar amigos. Como en el caso de Daniel, con frecuencia otros armarán el alboroto. El sistema del mundo está tan saturado de transigencia y corrupción, que quienquiera que decida vivir por encima de eso constituirá un reproche silencioso contra los que lo practican. Tal vez algunos lo admiren a uno por eso, pero serán más los que se le opongan. Prepárese para que lo ataquen. No se detendrán ante nada para hacerle a usted la vida imposible, aunque aquello signifique tergiversar la verdad para que encaje en la estratagema que ellos tienen.

Eso fue precisamente lo que le pasó a Daniel. Es más, fue *así* como acabó en el foso de los leones.

Entonces dijeron aquellos hombres: No hallaremos contra este Daniel ocasión alguna para acusarle, si no la hallamos contra él con relación a la ley de su Dios. Entonces estos gobernadores y sátrapas se juntaron delante del rey, y le dijeron así: ¡Rey Darío, para siempre vive! Todos los gobernadores del reino, magistrados, sátrapas, príncipes y capitanes han acordado por consejo que promulgues un edicto real y lo confirmes, que

184 La esposa de Cristo

> cualquiera que en el espacio de treinta días demande
> petición de cualquier dios u hombre fuera de ti, oh rey,
> sea echado en el foso de los leones. Ahora, oh rey,
> confirma el edicto y fírmalo, para que no pueda ser
> revocado, conforme a la ley de Media y de Persia, la cual
> no puede ser abrogada. Firmó, pues, el rey Darío el
> edicto y la prohibición.
> Cuando Daniel supo que el edicto había sido firmado,
> entró en su casa, y abiertas las ventanas de su cámara
> que daban hacia Jerusalén, se arrodillaba tres veces al
> día, y oraba y daba gracias delante de su Dios, como lo
> solía hacer antes. Entonces se juntaron aquellos hom-
> bres, y hallaron a Daniel orando y rogando en presencia
> de su Dios. Fueron luego ante el rey y le hablaron del
> edicto real: ¿No has confirmado edicto que cualquiera
> que en el espacio de treinta días pida a cualquier dios u
> hombre fuera de ti, oh rey, sea echado en el foso de los
> leones? Respondió el rey diciendo: Verdad es, conforme
> a la ley de Media y de Persia, la cual no puede ser
> abrogada. Entonces respondieron y dijeron delante del
> rey: Daniel, que es de los hijos de los cautivos de Judá,
> no te respeta a ti, oh rey, ni acata el edicto que confir-
> maste, sino que tres veces al día hace su petición.
> Cuando el rey oyó el asunto, le pesó en gran manera, y
> resolvió librar a Daniel; y hasta la puesta del sol trabajó
> para librarle. Pero aquellos hombres rodearon al rey y
> le dijeron: Sepas, oh rey, que es ley de Media y de Persia
> que ningún edicto u ordenanza que el rey confirme
> puede ser abrogado. Entonces el rey mandó, y trajeron
> a Daniel, y le echaron en el foso de los leones (vv. 5-16).

Gracias a Dios, triunfó la justicia. Dios hizo salir sano y salvo a Daniel de entre los leones, y el rey Darío lanzó a los engañadores al foso en lugar de Daniel, y así pasaron a la historia.

Principios permanentes que debemos recordar

Teniendo como base lo que hasta ahora he escrito, quiero profundizar más con respecto a su aplicación para nuestro tiempo.

Mientras lo hago quiero hablarle a usted sobre tres principios que espero que nunca olvide.

Estos principios no son ni populares ni fáciles de aplicar, pero yo los creo con todo mi corazón. Además, me comprometo a acatarlos, no importa cuál sea la reacción que provoquen. Se lo ruego: antes de dejar de leer o de enviarme una carta para refutarme le ruego que piense. Piense con claridad. Y sobre todo, piense bíblicamente. Pregúntese por qué se siente así tan defensivo. Recurra a la Biblia (como yo lo he hecho y lo seguiré haciendo) para ver si encuentra apoyo para su postura. Tal vez se sorprenda al descubrir que su desacuerdo conmigo suena plausible y lógico, pero carece de justificación bíblica.

Primero: La verdadera integridad implica que uno hace lo que es correcto cuando nadie está mirando o cuando todo el mundo está comprometiéndose con lo erróneo.

Tal vez usted tenga que admitir que tiene varias cosas que necesitan de su atención inmediata. No se demore . . . comience hoy. Su integridad lo exige. Nunca es demasiado tarde para comenzar a hacer lo correcto. Limpie su expediente, o tenga el suficiente valor para admitir su hipocresía, y especialmente si usted está en el ministerio pastoral.

El ministerio pastoral es una profesión basada en el carácter. Para decirlo sin rodeos, uno puede practicar la promiscuidad sexual y aun así ser un buen cirujano del cerebro. Uno puede serle infiel a su cónyuge y aun así continuar ejerciendo de abogado sin mayor problema. Por lo visto, no trae problemas el mantenerse en la política y hacer plagios. Uno puede ser un vendedor exitoso y hacer evasiones en su impuesto sobre la renta. Pero uno no puede hacer esas cosas como cristiano o como ministro y seguir gozando de la bendición del Señor. Debe hacer lo correcto a fin de tener verdadera integridad. Si usted no puede terminar con ese mal o romper con hábitos que continúan acarreando reproches al nombre de Cristo, tenga la bondad de hacerle un favor al Señor (y a los que ejercemos el ministerio), y renuncie a su ministerio.

La verdad es que no estoy solo en estas convicciones. Hay otros que están cansados de la crisis de integridad de nuestros tiempos, y la han denunciado con franqueza.

¿Adónde puede recurrir la gente en busca de la verdad?

Los filósofos recuerdan al antiguo Diógenes, que todavía simboliza la búsqueda, porque andaba buscando la verdad con una linterna encendida a pleno día. . .

Algunos líderes religiosos ciertamente sirven de modelos . . . Este año los tiempos difíciles fueron para los personajes religiosos de las horas de mayor sintonía en la televisión. Algunos televangelistas fueron infieles a sus cónyuges, y otros falsearon sus autobiografías para encubrir viejas indiscreciones. El público cínico se olvida del pastor ejemplar de la esquina, y les dice a los célebres: "Organicen bien su espectáculo, y tal vez entonces volvamos a ponerles atención . . ."

. . . la búsqueda pública de la verdad se basa en definiciones que difieren un poco de la mayoría de los conceptos de la filosofía clásica y moderna. Hay una clave moderna para la actual búsqueda, tomada del lenguaje de la religión que predomina en Occidente; una clave basada en significados bíblicos. Los antiguos hebreos y los autores del Nuevo Testamento griego hablaban poco de la verdad en abstracto, acerca de la verdad en sentido impersonal. Más bien conectaban la "verdad" con el carácter del Dios fiel, y luego querían ver esa cualidad reflejada en los seres humanos.

El concepto bíblico, más rico que "decir la verdad", se expresa como "practicar la verdad". Cuando alguien "practica" la verdad, podemos verificar el carácter de esa persona con más rapidez que cuando lo que se dice sobre la verdad es sólo un juego o ejercicio intelectual.

La noción de "practicar la verdad" se basaba en el concepto hebreo de émet, que connotaba fidelidad y confiabilidad . . . La verdad está "en" ellos y ellos "son" verdad porque "practican" verdad: nosotros decimos que tienen integridad.

La prueba de una verdad así es evidente. Si decimos: "ella vale tanto como su palabra", o "un apretón de manos que él dé es mejor que un contrato", ya estamos describiendo a alguien que encarna aquello a lo que

aspiran los actuales buscadores de la verdad . . .
Los embusteros y engañadores que recientemente han salido a la luz eran a menudo lobos solitarios; eran celebridades que tenían admiradores y seguidores pero que no tenían amigos que pudieran ser críticos y que pudieran obligarlos a ser honrados.

. . . El carácter exige contexto. El novelista francés Stendhal escribe que "uno puede adquirir a solas cualquier cosa, excepto el carácter."[31]

Segundo: *La verdadera integridad se mantiene en su lugar, ya sea que la prueba sea la adversidad o la prosperidad.* Si uno de veras tiene integridad, ni una degradación ni un ascenso lo harán cambiar. El núcleo interior de uno no se dislocará. Pero debo repetir mi advertencia de antes: a otros no les va a gustar si uno no "sigue la corriente" del sistema predominante. Esté listo a no ser comprendido por la turba mediocre. Sin duda se topará con la hostilidad de esa gente.

Recibí una carta de una mujer joven que describe lo intensa que se puede volver la presión para mantener la integridad. Sólo citaré un fragmento de lo que escribió:

. . . Tengo una licenciatura en microbiología, y un título de postgrado en bibliotecología médica. Poco después de cumplir treinta años me di cuenta de que prefería una carrera en la medicina, por lo cual me matriculé en un programa premédico de un año en una universidad de mi localidad . . . para ganar ciertos cursos, prepararme para los exámenes estándar, y solicitar mi ingreso en facultades de medicina. No pasé mucho tiempo en la universidad antes de percatarme de la inmoralidad que reinaba entre el profesorado y el personal: era el tipo de cosa que sólo puede deberse a una muy mala administración.

También era a todas luces evidente que mis compañeros eran sumamente deshonrados: falsificaban registros de laboratorio, copiaban en los exámenes y me presionaban a hacer lo mismo, etc. La presión no era ningún problema; sé cómo resistirla. Pero el profesor a cargo del programa es un hombre que está luchando con el doble demonio de una crisis de media vida y un ambiente laboral deplorable. Bajo esta intensa presión, su frase favorita es: "¡No quiero saber!" Yo no podía constituirme en una carga adicional para él. Al dárseme la opción entre la integridad intelectual y la compasión, escogí la compasión. Una decisión mala, obviamente insensata. Hice lo incorrecto, desde lo más profundo de mí. A fin de cuentas no tuve más alternativa que obligarlo a él a enfrentar lo que tenía que saber.

Las cosas siguieron así de mal hasta marzo, cuando algunos . . . fueron descubiertos haciendo fraude en un examen que debíamos llevar a casa, con respecto al cual se nos había dado la instrucción de hacerlo por separado. Los culpables — yo no estaba entre ellos — se defendieron alegando que no sabían que estuvieran haciendo nada incorrecto. Como parte de los criterios de admisión, se esperaba que estuviéramos de acuerdo en apoyarnos unos a otros bajo cualquier circunstancia. Se supone que eso lo asegura a uno contra una competencia caníbal, pero el tiro salió por la culata. El profesor se presentó ante el comité de disciplina y aprobó la conducta de los alumnos, poniendo así en peligro su propia integridad y la de la institución.

En ese momento yo estaba convencida de que había permanecido callada por más tiempo de la cuenta. Ya demasiado tarde, protesté (lo más gentilmente que pude; no tenía caso hacer leña del árbol caído), fundándome en que el tratar de obligar a las facultades de medicina a aceptar a quince personas sumamente inescrupulosas tiene implicaciones devastadoras para la sociedad, así como para las personas que hacen esas cosas. No puedo considerar el asunto como un incidente trivial. Unos estudiantes deshonrados se convierten en profesionales deshonrados. ¡Y cuando unos profesionales que trabajan en cosas químicas son deshonrados, hay gente que se muere! Eso no tiene nada de trivial.

Mis palabras chocaron contra oídos sordos. A lo largo

de ese período mi rendimiento académico había sido inferior. No puedo rendir bien bajo esas condiciones, de manera que se me dijo que soy absolutamente incompetente y que no valía la pena escucharme. A lo cual repliqué que yo tengo carácter, y que eso es más importante que las notas, o que la facultad de medicina, o que el dinero . . .[32]

La verdadera integridad permanece en su lugar, ya sea que uno apruebe el curso o lo pierda. Admiro a esa mujer. Ella no pretende ser perfecta, pero sí desea ser una mujer de carácter sólido.

Mi tercer principio es el que generará más controversias: *El rompimiento de la integridad moral significa que el líder espiritual pierde el derecho de ser líder.*

Antes que intente luchar conmigo sobre este punto, tenga la bondad de detenerse a pensar. Yo quisiera animarlo a basar su postura en la Biblia, no en sus sentimientos ni en las opiniones de otras personas. Mientras lo piensa, le lanzo el reto de encontrar en las Escrituras a personas que en algún momento hayan ocupado puestos de liderazgo de alta visibilidad en el ministerio y que, después de un fracaso moral, fueran posteriormente colocadas de nuevo en la misma cumbre y experimentaran un éxito igual o mayor en su ministerio. Durante años he estado buscando, y no he encontrado NI UN SOLO ejemplo bíblico. No hay ni una sola persona que encaje en ese modelo en el Nuevo Testamento.

En el Antiguo Testamento, David es el único que se acerca. Pero si uno realiza un estudio cuidadoso de la vida de ese hombre, se dará cuenta de que su liderazgo se parece a una azotea. Sube, sube, sube . . . hasta Betsabé. Antes del suceso adúltero, David estaba en el apogeo de su carrera. Después de eso todo se viene abajo, abajo, abajo. Derrota en el campo de batalla. Dificultades en casa. Un hijo suyo viola a su media hermana Tamar. Otro hijo encabeza la rebelión contra David. Y éste finalmente muere destrozado, con su familia desordenada y su sucesor (Salomón) preparado para una caída todavía mayor. Se le permitió seguir siendo rey (que por cierto no es un cargo espiritual), pero su autoridad y el respeto del público nunca fueron tan grandes como lo fueron antes. Yo sugiero que ni siquiera David califica como modelo de un líder caído que haya regresado a la plenitud de la bendición de Dios y al respeto de la gente. Mi observación es que ese tipo de ejemplos simplemente no se pueden hallar en la Palabra de Dios.

Algunos de los que leen estas palabras asumirán que me falta espíritu de perdón. Pero simplemente no es así. Puedo perdonar y seguiré perdonando el pecado más grosero, pero en este caso no se trata de perdonar; lo que está en juego es la *integridad quebrantada* de un ministro de Dios. A mí no me cuesta perdonar a cualquier hermano o hermana que quebranta su integridad moral. Pero sí me cuesta volver a colocar a ese individuo en el mismo puesto de alto nivel de autoridad.

¿Por qué? Por dos razones. Primero, porque no encuentro ninguna justificación bíblica ni ejemplos de que eso ocurra; segundo, porque ciertos fracasos ponen de manifiesto fallas de carácter hondamente arraigadas (y no simplemente pecaminosidad) que han creado desconfianza entre los que siguen al líder. Si usted está pensando que Jonás o Pedro califican como modelos, recuerde que ninguno de ellos tuvo una caída moral. El de ellos no fue un fracaso sexual. Yo considero que esa es una categoría en sí misma, y lo hago con justificación bíblica. No sé por qué muy pocos cristianos han estudiado o han tomado en serio el siguiente pasaje:

> *El que comete adulterio es falto de entendimiento; corrompe su alma el que tal hace. Heridas y vergüenza hallará, y su afrenta nunca será borrada* (Proverbios 6:32-33).

Yo diría que eso es claro y directo; y sin embargo parece que ciertos pastores que han fallado sexualmente ya no titubean en regresar a sus puestos de responsabilidad pública a pesar de la afirmación de que esa "afrenta nunca será borrada". Eso no puede sino desconcertar a muchos creyentes que tienen dificultad de ver más allá de las heridas del ministro, su descrédito, y su imborrable afrenta.

Hace un tiempo un amigo mío estaba preocupado por el gran número de ministros que estaban cayendo en pecados sexuales, y que pasado un tiempo eran colocados de nuevo en funciones parecidas de liderazgo. Había en eso algo que a mi amigo no le parecía correcto, de modo que me preguntó qué opinaba yo del asunto. Reflexioné larga y profundamente antes de contestarle. Lea cuidadosamente los siguientes extractos de mi carta:

Nos guste o no, lo aceptemos o no, no podemos pasar por alto el hecho de que la Biblia ciertamente traza una distinción entre los pecados comunes, cotidianos, demasiado conocidos en la vida, y la perpetración deliberada de pecados sexuales. Aquí se incluirían especialmente pecados sexuales que se expresan en un engaño prolongado, y escapadas secretas que culminan en aventuras escandalosas que arrasan familias enteras, corrompiendo matrimonios que habían sido sólidos (y a menudo destruyéndolos). Con frecuencia, la inmoralidad oculta continúa durante meses — incluso años — mientras tanto la persona que en privado practica esas acciones, vive en público una completa mentira.

La absoluta desvergüenza, insensatez y osadía del asunto pone de manifiesto fallas de carácter hondamente arraigadas. Esas fallas hacen que la persona inmoral que participa en esa perversión peque "contra su propio cuerpo", y entre así en una categoría singular de desobediencia que es diferente de "cualquier otro pecado". Mis observaciones se basan en 1 Corintios 6:18, texto que merece ser estudiado detenidamente:

Huid de la fornicación [o: de la inmoralidad sexual]. Cualquier otro pecado que el hombre cometa, está fuera del cuerpo; mas el que fornica, contra su propio cuerpo peca.

¿Estoy sugiriendo que esas acciones desvergonzadas y deplorables no pueden perdonarse? Claro que no. Pero estoy admitiendo que las fallas de carácter que condujeron hacia esos actos extensos y engañosos de sensualidad muy bien pueden excluir a esos individuos de puestos de servicio público que otrora conocieron y disfrutaron . . . Al pecar "contra su propio cuerpo" ponen de manifiesto una debilidad en su carácter moral, que pone en movimiento ciertas consecuencias y muchas complicaciones. Todo esto puede escandalizar al cuerpo de Cristo si esos individuos son puestos de nuevo frente al público para gozar de todos los privilegios y derechos que en otro tiempo fueron suyos. Es pedirles demasiado a los que fueron engañados y ofendidos el esperar que digan "te perdono", y luego se hagan a un lado silenciosamente mientras el hermano o hermana recién perdonado se coloca de nuevo en un ministerio de alta visibilidad frente al público en general . . .

Tenemos una analogía interesante en nuestro sistema [estadounidense] de jurisprudencia. Un individuo culpable de un delito grave puede descontar mucho tiempo en la cárcel, puede convertirse en un reo modelo, puede reconocer sus malas acciones, y finalmente ser liberado y perdonado por el delito del pasado. Pero pierde por el resto de su vida el derecho de votar. Sea justo o no, sea apropiado o no, ese privilegio especial de tomar parte en el futuro de su país, derecho del que antes disfrutó, le queda retirado para siempre . . .

El que a uno se le otorgue el privilegio del liderazgo público y del ministerio conlleva la tenue pero esencial presencia del poder. En el servicio cristiano, ese poder es increíblemente influyente y puede usarse para propósitos egoístas, mientras da la impresión de ser bondadoso. La tentación de engañar es especialmente fuerte cuando se dispone de ese poder. De allí la necesidad constante de rendir cuentas a otros de la propia vida, de ejercer el dominio propio, y de mantener una fuerte disciplina. Un individuo cuya vida ha quedado marcada por una crasa ausencia de esos rasgos, revela su debilidad de carácter en ese campo y por lo tanto daña la confianza que otros puedan tener en él.

Repito que no es cuestión de perdón, sino de perder ciertos derechos y privilegios. Hemos de recordar que, aunque Dios perdonó por completo, a Moisés le impidió entrar en la Tierra Prometida; a Saúl lo quitó de su cargo como rey; y a David no le permitió construir el templo.

Cada uno de ellos puede haber sido perdonado, pero aun así, a cada uno de ellos Dios le impidió la realización de sus sueños.

¿Será entonces que el arrepentimiento carece de valor? Al contrario, sin arrepentimiento permanece dañada la relación vertical con Dios, y la relación horizontal con los demás permanece obstaculizada. Además, la confesión y el arrepentimiento le permiten al individuo perdonado cosechar la sabiduría de Dios a partir de sus represiones, y volver a establecer cierta medida de armonía restaurada con aquellos que fueron ofendidos en la repercusión de los pecados de ese individuo. El arrepentimiento no solo valida la confesión del pecador, sino que impulsa al ofendido a perdonar de veras . . .

Debo añadir un pensamiento más. En estos tiempos se habla demasiado poco del valor de un corazón quebrantado y contrito. El pecador perdonado de hoy suele ser uno que espera (¿o me atreveré a decir *exige*?) más de lo que debiera. A eso la Biblia le llama "presunción". Un corazón quebrantado y contrito no es presuntuoso; no pone exigencias; no abriga expectativas. He observado que los que se recuperan de un escándalo sexual a veces juzgan con demasiada temeridad a otros que se muestran renuentes a permitirles ejercer todo el liderazgo que antes ejercían. Con frecuencia los he oído decir que eso es "dispararles a los heridos", cuando la verdad es que los más heridos son las personas que confiaron cuando el líder caído estaba viviendo una mentira.

Mi pregunta es: ¿quién le está disparando a quién? Un espíritu presuntuoso habitualmente se manifiesta en un deseo agresivo por volver al estrado del ministerio público. Cuando ese deseo no se complace, los que están siendo restringidos pueden fácilmente presentarse como víctimas patéticas y desamparadas del juicio y condena de otros. A mí me parece que esa reacción es manipuladora y sumamente molesta . . .

Lo que más me preocupa acerca de todo este panorama es la ausencia de una ilimitada sumisión a Dios y de una absoluta humildad ante los demás. A veces me asombran las expectativas poco realistas de aquellos que han decepcionado a numerosas personas. Algunos de ellos incluso señalan con el dedo a aquellos miembros del cuerpo que se oponen a que ellos vuelvan al ministerio público. Todavía hay muchas personas que están esforzándose por creer que su amigo, cónyuge, pariente o héroe en quien antes confiaron haya podido caer tan hondo y vivir tamaña mentira. Me parece a mí que el alma verdaderamente arrepentida debe hallarse tan sobrecogida por la humillación y tan agradecida por la gracia de Dios, que no tiene cabida para alentar el orgullo por dentro ni para hacer gestos de acusación por fuera. David, después del suceso con Betsabé, se limitó a orar así: "Vuélveme el gozo de tu salvación, y espíritu noble me sustente" (Salmo 51:12). Para él eso era suficiente.[33]

Como lo dije anteriormente, el ministerio es una profesión basada en el carácter. El llamado divino de Dios la ubica dentro de una categoría definida, con una norma más estricta que todas las demás profesiones. Si usted duda de eso, lea 1 Timoteo 3:1-7 y trate de imaginarse cómo aplicar eso a cualquier otra vocación que no sea el ministerio. Hasta Charles Haddon Spurgeon — un hombre de gran bondad — mantenía convicciones estrictas con respecto a este tema:

Abrigo opiniones muy severas con respecto a hombres cristianos que han caído en pecados groseros; me regocijo de que puedan convertirse verdaderamente, y de que puedan ser recibidos de nuevo en la iglesia con una mezcla de esperanza y cautela; pero pongo en duda, pongo gravemente en duda, el que un hombre que ha pecado groseramente deba ser readmitido al púlpito en un plazo corto.[34]

Una solemne serie de advertencias

A la luz de nuestra necesidad de que existan ministros con una integridad incólume, creo que también nos ayudaría el ponderar algunas advertencias destacadas. En vez de elaborar una lista de mi cosecha, prefiero citar a A. W. Tozer, el cual, aunque muerto, nos habla todavía:

El ministerio pastoral es una de las profesiones más llenas de peligros . . .

Satanás sabe que la caída de un profeta de Dios es una victoria estratégica para él, de modo que no descansa ni de día ni de noche tramando ocultas emboscadas y ardides en contra del ministerio. Quizás una mejor figura sería el dardo envenenado que se limita a paralizar a su víctima, porque creo que Satanás tiene poco interés en matar directamente al predicador. Un ministro ineficaz, un ministro que permanece vivo solo a medias, es mejor propaganda del infierno que un hombre bueno muerto. Por eso los peligros a los que se expone el predicador tienen más probabilidad de que sean espirituales que físicos . . .

Ciertamente existen algunos peligros muy reales, de la especie más burda, contra los cuales debe resguardarse el ministro, tales como la codicia del dinero y de las mujeres; pero los peligros más mortales son mucho más sutiles que esos . . .

Está, para empezar, el peligro de que el ministro llegue a pensar en sí mismo como si perteneciera a una clase privilegiada. Nuestra sociedad "cristiana" tiende a incrementar este peligro al otorgarle al clero descuentos y otras cortesías, y la iglesia misma se hace un flaco favor al conferir a los hombres de Dios diversos títulos honoríficos altisonantes que resultan cómicos o inspiran temor, según cómo se les mire . . .

Otro peligro es que desarrolle un espíritu rutinario en el cumplimiento de la obra del Señor. La familiaridad puede generar desprecio, incluso contra el altar de Dios. Qué tremenda cosa es cuando el predicador se acostum-

196 La esposa de Cristo

bra a su trabajo, cuando desaparece su sensación de maravilla, cuando se habitúa a lo que no es habitual, cuando pierde su solemne temor en la presencia del Santo y Altísimo; cuando, en una palabra, llega a aburrirse un poco de Dios y de las cosas celestiales.

Si alguien duda de que eso pueda suceder, que lea el Antiguo Testamento y vea cómo a veces los sacerdotes de Jehová perdieron su sensación de misterio divino y se volvieron profanos, aun cuando seguían realizando sus santos deberes. Y la historia de la iglesia revela que esta tendencia hacia la rutina superficial no murió al caducar el régimen del Antiguo Testamento. Todavía hay entre nosotros sacerdotes y pastores secularizados que cuidan de las puertas de la casa de Dios sólo a cambio de un trozo de pan.

Satanás se asegurará de que los siga habiendo, porque ellos le hacen a la causa de Dios más daño del que le haría toda una legión de ateos.

Existe también el peligro de que el predicador sufra un enajenamiento espiritual respecto a la gente común. Eso surge de la naturaleza del cristianismo institucionalizado. El ministro se roza casi exclusivamente con gente religiosa. Cuando las personas están con él, se mantienen en guardia. Tienden a hablar de cosas elevadas y a ser por un rato la clase de personas que creen que él quiere que sean, en vez de la clase de personas que en realidad son. Esto crea un mundo de irrealidad donde nadie es exactamente él mismo, pero el predicador ha vivido por tanto tiempo en ese mundo que llega a aceptarlo como real, y nunca distingue la diferencia.

Los resultados de vivir en ese mundo artificial son desastrosos ...

Otro peligro que confronta al ministro es que puede llegar inconscientemente a amar las ideas religiosas y filosóficas en vez de a los santos y pecadores. Es totalmente posible llegar a sentir por el mundo de los hombres perdidos el mismo tipo de afecto desapegado que, por ejemplo, pudo sentir el naturalista Fabre por una colmena de abejas o por una colonia de hormigas negras. Son cosa para ser estudiada, para aprender de ella, tal vez incluso a la cual se pueda ayudar, pero no son nada por lo que valga la pena llorar o morir . . .

Otra trampa en la cual el predicador tiene peligro de caer es que puede hacer lo que le sale de natural y dedicarse a vivir cómodamente. Ya sé lo sensible que es este asunto y, aunque el escribir yo esto no me granjeará amigos, espero que pueda influir a las personas en la dirección correcta. Es fácil para el ministro convertirse en un vago privilegiado, un parásito social con la mano abierta y la mirada expectante. No tiene patrón visible; tampoco con frecuencia se le exige mantener un horario regular, de modo que puede armarse un régimen de vida bastante cómodo que le permite perecear, holgazanear, dormitar y andar por ahí a su gusto. Y muchos hacen precisamente eso.

Para evitar ese peligro, el ministro debe, voluntariamente, trabajar duro.[35]

El valor esencial del rendir cuentas

Las palabras de Tozer son penetrantes. Pero necesitamos algo más que advertencias. Los consejos que nos exhortan a portarnos bien tienen sus limitaciones a la hora de ayudarnos a "golpear" nuestro cuerpo y resguardarnos de no ser descalificados (1 Corintios 9:27). Para hacer más eficaz ese boxeo, es de sumo valor el rendir cuentas a otro de nuestra vida personal. Puesto que ese es un tema que ya he tratado en dos libros anteriores,[36] no hay razón para que lo repita aquí en gran detalle. Pero permítaseme subrayar una vez más lo *esencial* que es el rendir cuentas, para mantener una vida pura ante los demás y un caminar sano con Dios.

El autoanálisis es saludable y bueno. El tiempo que pasamos a solas en presencia del Señor debe seguir siendo la más alta prioridad. Pero no podemos detenernos allí. Por ser criaturas con áreas ciegas y tendencias a la racionalización, debemos también estar en estrecho contacto con unos cuantos individuos dignos de confianza, con quienes podamos reunirnos con regularidad. El saber que se va a dar un encuentro así nos ayuda a mantener la línea en lo moral y en lo ético. No conozco ninguna otra cosa tan eficaz para mantener un corazón puro y asegurar que la propia vida esté equilibrada y acertada, que el formar parte de un grupo en el que tengamos el derecho y la libertad de ser examinados. Es asombroso lo que puede lograr un grupo así para ayudarnos a mantener en jaque nuestras pasiones.

Hace poco me sentí animado al enterarme de un pastor que cada semana se reúne con un pequeño grupo de hombres. Todos están comprometidos unos con otros a mantener su pureza. Oran juntos y oran unos por otros. Hablan franca y sinceramente acerca de sus luchas, sus debilidades, sus tentaciones y sus pruebas. Además de esas cosas generales, se miran unos a otros a los ojos mientras formulan y contestan no menos de siete preguntas específicas:

1. ¿Esta semana has estado con una mujer en una situación que fuera inapropiada, o que a otros les pudiera dar la impresión de que estabas actuando imprudentemente?

2. ¿Te has mantenido completamente irreprochable esta semana en todos tus asuntos financieros?

3. ¿Te has expuesto esta semana a publicaciones o programas pornográficos?

4. ¿Has dedicado tiempo cada día a la oración y la meditación bíblica?

5. ¿Has cumplido esta semana el mandato de tu vocación?

6. ¿Has sacado tiempo esta semana para estar con tu familia?

7. ¿Acabas de mentirme?

¡A eso sí que lo llamo yo rendir cuentas! Claro que esas reuniones pueden ser demandantes y hasta dolorosas. Pero si eso puede servir para contrarrestar la carne y para mantener la vida del pastor libre de secretos que algún día desemboquen en un escándalo, estoy convencido de que bien vale la pena. Creo que es un gran desafío para todos nosotros el correr el riesgo de exponernos a otros de ese modo con regularidad.

Ya es hora de que la iglesia se despierte al valor de la integridad . . . a volver a comprometernos con un ministerio ungido con poder y con piadosa pureza. Pongámosles las cosas bien claras a los seminaristas en todas partes. Recordémosles que se les está confiándo un privilegio elevado y santo, el cual, si se pervierte, traerá como consecuencia el que pierdan el derecho de dirigir al pueblo de Dios. Estoy convencido de que si ellos saben eso al ingresar, serán más los que después de graduarse vivan en el temor de Dios. Por su gracia, ellos acabarán bien. Volvamos a colocar la dignidad allí donde debe estar: en la iglesia de Jesucristo. Hagamos que la gente se enderece en sus asientos y note que un ministerio como el nuestro bien vale su tiempo, su confianza y su tesoro.

Nadie lo ha dicho mejor que Josiah Holland:

¡OH DIOS, DANOS HOMBRES!
Un tiempo como este exige
Mentes fuertes, corazones grandes,
fe auténtica y manos listas;
Hombres a quienes la codicia de su oficio no los mate;
Hombres que no puedan ser comprados
por los despojos de su oficio;
Hombres que posean opiniones y voluntad;
Hombres que tengan honra,
que no estén dispuestos a mentir;
Hombres que puedan enfrentarse al demagogo
y con sólo pestañear, refutar sus traidoras lisonjas.
Hombres erguidos, coronados de sol,
que vivan por encima de la niebla
en los deberes públicos y el pensamiento privado;
Pues mientras el gentío, con sus credos desgastados,
sus amplias profesiones y sus pequeñas obras
se confunde en una contienda egoísta, ¡mirad!
La libertad llora,
el mal rige el país
y la justicia duerme en su espera.[37]

Como veremos en el capítulo final, es hora de restaurar el respeto por el ministerio.

Y ahora . . . ¿qué?

1. ¿Qué promesas o compromisos asumió usted en las últimas dos semanas? (Aquí se incluirían las ocasiones en que usted dijo: "Voy a orar con usted por eso", o "Me encargaré de hacer eso enseguida.") Haga una lista de sus promesas o compromisos, y con la ayuda de Dios *haga lo que usted dijo que iba a hacer.*

2. ¿Tiene usted uno o varios amigos — preferiblemente del mismo sexo que usted — que le pidan cuentas con regularidad? Es fácil estar mentalmente de acuerdo con el concepto de rendir cuentas, pero se necesita determinación (yo diría "agallas") para llevarlo adelante y *hacer* algo al respecto. Yo le presento el desafío de que dé el primer paso HOY MISMO, anotando los nombres de amigos cristianos que podrían estar dispuestos a reunirse con usted regularmente y con un compromiso a largo plazo, precisamente con ese fin. Y permítame animarlo vehementemente, a la luz de los tiempos "salvajes" en los que vivimos, a establecer contacto con uno o más de esos individuos esta misma semana.

3. Regrese a Hebreos 11. Lea el capítulo entero varias veces, recorriendo con su mano las finas aristas de esas vidas ejemplares. Pídale al Señor que le levante la visión y le encienda la fe al meditar en esas palabras.

CAPÍTULO 10

CÓMO RESTAURAR EL RESPETO POR EL MINISTERIO

Tengo un amigo a quien he conocido y querido por treinta años. Durante ese período hemos sido inseparables. Nuestra amistad se ha profundizado, mientras más se ha intensificado mi aprecio por él.

En los últimos años mi amigo ha estado pasando por tiempos de dificultad. Hemos seguido llevándonos de lo más bien, pero otros han comenzado a entenderlo mal y a difamarlo. A mí me ha dolido oír las cosas tan feas que se dicen. Aunque mi amigo no ha hecho nada malo y ha aguantado lo más duro de los comentarios injustos, exagerados y sarcásticos; para no mencionar todas las acusaciones agresivas e infundadas. Parece que no hay tregua. A veces la situación se ha puesto tan mal que me he preguntado si será posible una recuperación completa. A pesar de todo lo que se ha dicho contra mi querido amigo, nuestro compromiso de tres décadas permanece firme y fiel.

Ese amigo mío es el ministerio.

Fui llamado al ministerio cuando estaba en la Infantería de Marina, en algún momento entre 1957 y 1959. Fue entonces cuando me di cuenta de que la mano de Dios, sin lugar a dudas, estaba puesta sobre mi vida. El percatarme de eso hizo cambiar el rumbo de mi futuro, de una carrera conocida que había supuesto que seguiría, a una vocación poco conocida que nunca antes había considerado siquiera como una remota posibilidad. Lenta y deliberadamente, Dios fue dejando claro que yo debía regresar a los estudios, obtener una educación teológica sólida en un seminario respetado, y pasar el resto de mi vida en el ministerio del evangelio.

La amistad había comenzado.

Negándome a resistir por más tiempo el llamado de Dios, me matriculé en el Seminario Teológico de Dallas a fines de la primavera de 1959. Ese verano Cynthia y yo nos mudamos a un minúsculo apartamento en el terreno del seminario, y cuando me di cuenta estaba metido hasta el cuello estudiando teología, historia eclesiástica, griego, hebreo, educación cristiana, misiones, hermenéutica, homilética, apologética, en pocas palabras, en todo el programa. ¡Vaya qué reto! A los dos nos encantaba aquella vida. Los estudios eran exigentes, pero increíblemente gratificantes.

La amistad con el ministerio, que había comenzado antes, se estaba haciendo ahora más profunda. Poco comprendía yo lo satisfactoria que sería. Con la excepción de mi matrimonio y los deleites que proveen el hogar y la familia, hasta hoy no hay nada que se acerque siquiera a las alegrías relacionadas con esa creciente amistad con el ministerio. Ni una vez he mirado atrás para lamentarme. A pesar de los días difíciles (de los cuales ha habido muchos y habrá muchos más), no puedo imaginarme una amistad más satisfactoria.

Me gradué en 1963, y poco después fui oficialmente ordenado para el ministerio. No teníamos ni la menor idea de dónde o cómo nos iba a usar Dios a fin de cuentas. Todo lo que sabíamos era que nos amábamos, que lo amábamos a Él, y que estábamos preparados, disponibles y listos para servir.

Se me sale una sonrisa cuando me acuerdo de esos días sencillos e inocentes de principios de la década de los años sesenta. Qué poco sabíamos, y sin embargo qué comprometidos estábamos con esta amistad de toda una vida, con algo que teníamos en la más alta estima: el ministerio.

Numerosos cambios se han dado a lo largo de estos treinta años. En aquel entonces, el ministerio pastoral era sumamente respetado. Los ministros que junto con su familia se trasladaban a una comunidad eran acogidos y respetados. Se les consideraba una ganancia, gente digna, merecedores de la confianza total de la comunidad. El papel y las responsabilidades de un pastor eran estimados fuera de toda duda. No había suspicacia, ni reservas, sino sólo alta consideración por el hombre que se paraba en el púlpito y proclamaba el mensaje de Dios. En aquellos días, "un hombre de Dios" era todavía el título descriptivo del pastor local que dirigía una grey, que se gozaba con ellos en sus celebraciones, que los consolaba en su dolor, y que vivía frente a ellos una vida ejemplar.

Hay que entender que eso no era porque todos los pastores fueran considerados modelos sobrehumanos de perfección. Ninguno de nosotros caminaba sobre el agua. Había muchos entonces, como ahora, que ingresaban a esa vocación procedentes de trasfondos que no eran cristalinos ni mucho menos. El apóstol Pablo es un caso así. Su testimonio no ocultaba jamás el hecho de que su llamado al ministerio era inmerecido:

> *Doy gracias al que me fortaleció, a Cristo Jesús nuestro Señor, porque me tuvo por fiel, poniéndome en el ministerio, habiendo yo sido antes blasfemo, perseguidor e injuriador; mas fui recibido a misericordia porque lo hice por ignorancia, en incredulidad. Pero la gracia de nuestro Señor fue más abundante con la fe y el amor que es en Cristo Jesús. Palabra fiel y digna de ser recibida por todos: que Cristo Jesús vino al mundo para salvar a los pecadores, de los cuales yo soy el primero. Pero por esto fui recibido a misericordia, para que Jesucristo mostrase en mí el primero toda su clemencia, para ejemplo de los que habrían de creer en él para vida eterna* (1 Timoteo 1:12-16).

No pasemos por alto que él dice: "Habiendo yo sido antes blasfemo . . . perseguidor . . . injuriador . . . mas fui recibido a misericordia . . . la gracia fue más abundante." No vive hoy, ni ha vivido jamás, un ministro que no pudiera escribir palabras parecidas.

Mi punto es este: en aquellos tiempos, a pesar de que un ministro fuera humano y tuviera sus rarezas e imperfecciones, su cargo y su autoridad eran respetados. ¡Ya no! Hoy día, aunque las normas del ministerio siguen siendo las más elevadas de cualquier otra vocación o profesión, aunque el papel del ministro sigue descansando sobre los pilares de la pureza, la integridad, la humildad, la disciplina, la entrega y la confianza, la opinión pública con respecto al ministerio nunca ha sido peor.

No estoy sugiriendo que nunca haya habido críticas (a veces justificadas) contra los que ejercen el ministerio. En todas las generaciones ha habido unos cuantos que han acarreado vergüenza a su vocación. Además, siempre ha habido en las filas del clero pastores controversiales y un montón de personajes insólitos y tipos excéntricos. Muchos han sido mal entendidos, y con otros simplemente ha habido desacuerdo; eso sin duda es comprensible. Pero cuando de realidades se trataba, cuando un escrutinio estricto daba como resultado la verdad desnuda, de muy pocos se podía demostrar que fueran engañadores o completos hipócritas. El ministerio en su conjunto no era afectado por esos individuos. Pero ya no se puede decir tal cosa. Especialmente en esta generación, el ministerio es observado ahora con la misma suspicacia y hastío con que se mira a otros cargos de autoridad, otrora respetados. Estoy totalmente de acuerdo con el hombre que escribe así:

> He llegado a la conclusión de que la palabra específica que mejor sirve para describir hoy día la situación de la iglesia evangélica es *reproche*, y tengo la impresión de que mucha gente concuerda conmigo. En efecto, *reproche* es la palabra que parece describir otros campos de la sociedad además de la iglesia: las canchas deportivas, la embajada, las aulas universitarias, la Casa Blanca, el Pentágono, el mercado financiero, el Capitolio, y hasta la guardería infantil. El escándalo parecer estar hoy a la orden del día . . . No es de extrañar que la revista *Time*, en el artículo de fondo [de una edición reciente], haya preguntado: "¿Qué habrá ocurrido con la ética?"
>
> Nuestro problema no es que de repente el público, para gran vergüenza de los cristianos, haya encontrado pecadores en la iglesia. No; durante mucho tiempo el público ha estado consciente del pecado en la iglesia, y aun así la iglesia ha sobrevivido. Los cristianos evangélicos de hoy no somos como un grupo de escolares, ahí parados sonrojándonos porque nos atraparon rompiendo las reglas. Nos parecemos más a un ejército derrotado, desnudos ante nuestros enemigos, e incapaces de

responder al ataque porque han hecho un descubrimiento aterrador: a la iglesia le falta integridad . . . Durante diecinueve siglos la iglesia le ha estado diciendo al mundo que reconozca sus pecados, que se arrepienta, y que crea en el evangelio. Hoy día, en el ocaso del siglo veinte, el mundo le está diciendo a la iglesia que enfrente sus pecados, que se arrepienta, y que *comience a ser la verdadera iglesia del evangelio* que representa. Los creyentes nos jactamos de que no nos avergonzamos del evangelio de Cristo, pero tal vez el evangelio de Cristo sí se avergüence de nosotros. Por alguna razón, nuestro ministerio no concuerda con nuestro mensaje . . .[38]

Unos vistazos realistas del escenario vergonzoso

Estoy consciente de que pocas personas necesitarían leer una letanía detallada de los males del ministerio que nos han llevado al lío en que nos encontramos. Pero tal vez unos cuantos vistazos realistas nos ayuden a saber por qué hoy día el público nos mira con desdén en vez de lanzarnos hurras. Para economizar tiempo y espacio, voy a enumerar algunos de los ejemplos más notorios.

- A fines de la década de los años sesenta, en los Estados Unidos, el ministerio se convirtió en pretexto para eludir el reclutamiento militar. La pregunta era: ¿No quiere que lo manden a Vietnam? La respuesta era muy fácil: ¡Diga que tiene vocación para el ministerio!
- En la década de los años setenta, las sectas religiosas adquirieron notoriedad. Gurús extravagantes descarriaban a idealistas inocentes o ignorantes. Algunos tomaban terrenos en Oregon, otros se mudaron en masa a otro país . . . lo cual condujo al suicidio masivo de Guyana, donde más de novecientas personas bebieron veneno.
- El divorcio y el adulterio invadieron la iglesia, mientras ovejas y pastores por igual se hacían de la vista gorda. Más y más ministros fueron dejándose llevar por la corriente, lo cual creó en la iglesia una atmósfera como de epidemia. La racionalización empezó su reinado supremo.

- La década de los años ochenta trajo el inicio de una nueva edad: la "iglesia electrónica". Lo que antes se limitaba a unas cuantas iglesias locales se televisaba ahora y todo el mundo lo veía, tanto lo bueno como lo malo. Especialmente lo malo. Todo lo que se necesitaba era un predicador que pudiera atraer a una multitud y recaudar suficiente dinero como para comprar el tiempo de televisión. Menos énfasis en el carácter, más en el atractivo personal.

- Cierto televangelista se subió a una llamada "torre de oración", y prometió no regresar a menos que se diera una contribución de varios millones de dólares. La prensa tuvo su mejor oportunidad para el ataque.

- Poco después vino el escándalo de uno de los principales ministerios cristianos televisados. Salieron a la luz acontecimientos tan bochornosos, que hasta la sociedad secular quedó atónita. Durante meses hubo de todo — desde paneles de diálogo por televisión hasta camisetas impresas — para sacarle el jugo a toda esa suciedad.

- Al año siguiente, otro televangelista confesó estar participando en desviaciones sexuales. La revista pornográfica *Penthouse* explotó esto entrevistando a la presunta prostituta y haciendo que describiera en detalle todo lo que hacía . . . todo acompañado de fotografías sensacionalistas. El hombre dijo que iba a aceptar la disciplina que su denominación considerara adecuada, pero después hizo caso omiso de la decisión de ellos, renunció de ese ámbito donde podía rendir cuentas, y sigue activo en la televisión.

- Evitaré incluir la lista cada vez más larga de nombres de pastores evangélicos, autores, misioneros, líderes cristianos, músicos, cantantes, educadores, consejeros, líderes juveniles, mujeres y hombres laicos de alta visibilidad en la iglesia, que han desacreditado su testimonio y han quebrantado la confianza del público por medio del adulterio, la homosexualidad, el abuso de sustancias, las malversaciones financieras, la irresponsabilidad personal, los litigios legales y hasta actos delictivos. Y recordemos que se ha tratado de personas que están *en el ministerio*.

Yo le pregunto: Si usted fuera un no cristiano, ¿acaso no tendría menos respeto por el ministerio de hoy? Las secuelas han sido terribles. Hasta a los ministerios de integridad se les mira ahora con suspicacia. Los ataques contra hermanos y hermanas están ahora de moda. Toda persona es una víctima en potencia. Tal vez la dimensión más triste de todo sean las vidas inocentes que han estado cerca de los que han caído y fallado tan escandalosamente. Me refiero a toda una congregación local que debe seguir adelante tras descubrir que su pastor había vivido engañosamente en la inmoralidad. Pensemos también en los profesores y estudiantes que quedan detrás de un rector o dirigente académico que acarreó reproches al nombre de Cristo. ¿Y qué decir de la esposa e hijos que tienen que recoger los pedazos de la familia desintegrada a causa de la descuidada y egoísta falta de moral de su esposo y padre? Y no olvidemos a los compañeros de ministerio que han formado parte del personal de la iglesia, cuyo futuro queda incierto porque su líder vivió una mentira.

Lo que más pesar me causa es que mi fiel amigo de tanto tiempo ha sido objeto de brutales ataques. El ministerio ha sido arrastrado hasta un sórdido callejón oculto, ha sido pateado, golpeado, asaltado, ultrajado y despojado de todo respeto. Ya no se puede hacer caso omiso de sus golpes y cicatrices. Enfrentemos la situación: aun cuando la gran mayoría de los que ejercen el ministerio continúan defendiendo y enarbolando las más altas normas, el ministerio mismo ha quedado gravemente lisiado. El hacer un puré de los cristianos se ha convertido en el deporte favorito de los medios de comunicación.

No tengo la intención de que esto suene como el lamento de Elías y que usted crea que lo que quiero decir es: "Sólo yo he quedado." Bien consciente estoy de que el orgullo no tiene cabida en la vida de ninguno de nosotros. Quienes creen estar de pie deben estar continuamente alerta, no sea que caigan. Nadie es inmune a la tentación. Todos somos capaces de caer. (Yo hago el ejercicio de recordar esa realidad *todas las semanas* de mi vida.) No obstante, yo creo que es hora de que despertemos a la iglesia a la necesidad de restaurar el respeto por el ministerio. Ya llevamos bastante tiempo de estar reclinados en nuestros asientos, lamiéndonos las heridas, suspirando por los muchos que están cayendo, y encogiéndonos de hombros pasivamente, lamentándonos con lo de que "seguro estamos viviendo en los últimos días". ¡Claro que estamos viviendo en los últimos días! Pero ¿significa eso que no debemos hacer otra cosa que cruzarnos de brazos y prepararnos a morir? ¡En absoluto!

Pocos hombres están tan preocupados por la pureza del ministerio como uno a quien todos hemos llegado a admirar, el ex asesor presidencial Charles Colson. A él lo ha usado Dios para poner en guardia a la iglesia de Jesucristo en estos días de medias tintas. Mientras estaba en una gira de entrevistas para hablar acerca de su libro *Kingdoms in Conflict* [Reinos en conflicto], señaló muchas cosas que lo atribulaban, especialmente la actitud de los medios de comunicación seculares que se han dedicado a atacar a los cristianos. Lo describe vívidamente:

> La luz roja de "en el aire" se encendió, y así comenzó la entrevista número setenta y cinco sobre mi libro *Kingdoms in Conflict*. Yo sentí como si fuera la número setecientos cincuenta; ya hacía semanas que estaba entrando y saliendo de estaciones comerciales de radio y televisión en todas partes de los Estados Unidos, hablando acerca de la iglesia y el estado, y del papel del cristianismo en la vida pública.
>
> Por lo menos estaba yo teniendo amplio contacto con la actitud secular. Es bueno abandonar de cuando en cuando nuestros capullos evangélicos y averiguar lo que la gente realmente piensa acerca de nosotros. Pero lo que encontré fue aterrador, para decir poco.
>
> La sesión de ese día fue típica. El entrevistador dijo directamente: "Hoy entrevistaremos a Charles Colson. Pero primero escuchemos algo de las 'pequeñas pifias de Dios'." Dicho esto apretó un botón, y el estudio se llenó con un mensaje pregrabado de uno de los más famosos televangelistas implicados en escándalos sexuales, quien hablaba junto con su esposa. No estoy seguro, pero creo que esa grabación de contenido inspirador incluía una receta de cocina de la esposa de ese hombre. El entrevistador sonrió con ironía. "Y ahora, tenemos con no-

sotros a otro evangelista. Oigamos lo que tiene que decirnos Charles Colson."

La mayoría de mis casi cien entrevistas comenzaron de modo similar. El atacar a los cristianos está muy en boga hoy día. El escándalo de ese televangelista ha producido una caricatura cómica de todos los cristianos, y una burla que llega más hondo de lo que la mayoría de nosotros nos damos cuenta.

Al principio yo me ponía defensivo. Pero a medida que continuaron las entrevistas, me fui enojando. Me preguntaba: ¿Y qué de las 350.000 iglesias en los Estados Unidos, donde silenciosamente se están llenando las necesidades de la gente? ¿Los miles de misioneros que llegan a los pobres, el ejército de voluntarios cristianos que cada semana visitan fielmente las cárceles? ¿Por qué los medios de comunicación se centran más bien en los pocos que hacen el espectáculo? Argumenté que no es justo estereotipar a toda la iglesia; no somos todos un montón de hipócritas que andamos buscando cómo llenarnos los bolsillos.

Pero mi entrevistador se limitó a sonreír. Después de todo, la razón no vence fácilmente al ridículo.[39]

Esta es una llamada para despertarnos. Lo que ruego, como antes dije, es que acabemos bien. Si lo hacemos así, podemos comenzar a restaurar gran parte del respeto que hemos perdido a lo largo de las últimas tres décadas. El reto que lanzo para todos nosotros es que comencemos hoy mismo.

Verdades útiles que se olvidan fácilmente

Regresemos a un conocido comentario bíblico acerca de nuestros tiempos. Aunque ya antes lo hemos visto, se hace necesaria una segunda mirada.

Pero el Espíritu dice claramente que en los postreros tiempos algunos apostatarán de la fe, escuchando a espíritus engañadores y a doctrinas de demonios; por la hipocresía de mentirosos que, teniendo cauterizada la conciencia, prohibirán casarse, y mandarán abstenerse de alimentos que Dios creó para que con acción de gracias participasen de ellos los creyentes y los que han conocido la verdad. Porque todo lo que Dios creó es bueno, y nada es de desecharse, si se toma con acción de gracias; porque por la palabra de Dios y por la oración es santificado. Si esto enseñas a los hermanos, serás buen ministro de Jesucristo, nutrido con las palabras de la fe y de la buena doctrina que has seguido (1 Timoteo 4:1-6).

Si entiendo correctamente esas últimas palabras, es responsabilidad de un buen ministro el señalarles a los demás que los últimos días son tiempos difíciles. He venido comunicando eso en los recientes capítulos. Si bien ciertas cosas debieran alarmarnos, no hay absolutamente nada que deba abrumarnos. "El Espíritu dice claramente" que podemos esperar lo peor. Cuando eso sucede, sabemos que hemos entrado en las etapas finales del plan de Dios para este viejo planeta. ¡Se está acercando la hora de partida!

Puesto que eso es cierto, es fácil que nos centremos sólo en lo obvio — la maldad abierta — y nos olvidemos de algunas realidades que nos ayudarán a no sentirnos abrumados. Son tres de esas realidades las que me vienen a la mente.

Primera, *la Biblia predice esos tiempos y nos advierte al respecto*. Si no hemos aprendido nada más en los capítulos que anteceden, por lo menos hemos aprendido que cosas como las que acabo de enumerar no sólo van a suceder, sino que irán de mal en peor. Por eso resulta apropiado el término *epidemia*. Dudo que nadie, en la generación de Spurgeon o de Moody, hubiera descrito el problema del divorcio en la iglesia o la promiscuidad sexual entre los cristianos como una "epidemia". Pero ese término sí describe *nuestro* tiempo, sin duda alguna. En aquellos días había en el ministerio personas que caían, pero las cifras ni se acercaban a las de hoy. Además, los escándalos no eran tan frecuentes *en la iglesia* como lo son hoy. Es bien claro que, como lo predice la Biblia, el mal va en aumento, y va ir en *crescendo* cada vez más a medida que nos acerquemos al retorno de Cristo.

Pudiera enumerar doce o quince referencias convincentes en

la Biblia, pero bastará con un par de ellas; una tomada de las enseñanzas de Jesús, y la otra de San Judas que cita a Jesús:

Respondiendo Jesús, les dijo: Mirad que nadie os engañe. Porque vendrán muchos en mi nombre, diciendo: Yo soy el Cristo; y a muchos engañarán. Y oiréis de guerras y rumores de guerras; mirad que no os turbéis, porque es necesario que todo esto acontezca; pero aún no es el fin . . .

Muchos tropezarán entonces, y se entregarán unos a otros, y unos a otros se aborrecerán. Y muchos falsos profetas se levantarán, y engañarán a muchos; y por haberse multiplicado la maldad, el amor de muchos se enfriará . . .

Entonces, si alguno os dijere: Mirad, aquí está el Cristo, o mirad, allí está, no lo creáis. Porque se levantarán falsos cristos y falsos profetas, y harán grandes señales y prodigios, de tal manera que engañarán, si fuere posible, aun a los escogidos. Ya os lo he dicho antes (Mateo 24:4-6, 10-12, 23-25).

Pero vosotros, amados, tened memoria de las palabras que antes fueron dichas por los apóstoles de nuestro Señor Jesucristo; los que os decían: En el postrer tiempo habrá burladores, que andarán según sus malvados deseos. Estos son los que causan divisiones; los sensuales, que no tienen al Espíritu. Pero vosotros, amados, edificándoos sobre vuestra santísima fe, orando en el Espíritu Santo, conservaos en el amor de Dios, esperando la misericordia de nuestro Señor Jesucristo para vida eterna. A algunos que dudan, convencedlos. A otros salvad, arrebatándolos del fuego; y de otros tened misericordia con temor, aborreciendo aun la ropa contaminada por su carne (Judas 17-23).

Segunda, *el verdadero porcentaje de quienes ejercen el ministerio y caen es bastante pequeño*. Será útil que recordemos que, por cada individuo cuyo fracaso moral se vuelve noticia, hay miles y miles más que permanecen como mensajeros de Cristo fieles, diligentes y puros. La vasta mayoría de los que años atrás prometieron servir al Señor y ser ejemplos de su verdad, lo siguen haciendo hoy día. Una perspectiva realista nos ayudará a mantener el equilibrio en nuestro pensar, y a ser optimistas en nuestro punto de vista. Cuando comenzamos a creer que estamos solos en la batalla, el adversario empieza a ganar terreno.

A ese modo de pensar yo lo llamo "el síndrome de Elías". ¿Recuerda usted cuando ese profeta se sumió en una depresión, huyó al desierto, y le rogó a Dios que le quitara la vida? El relato registrado en 1 Reyes 19 bien vale la pena que se tome tiempo para leerla. Él huyó no sólo porque se sentía intimidado por el dominio de esa bruja dominante llamada Jezabel que mandaba en el trono de Acab, sino también porque pensaba que tenía una misión solitaria en el ministerio. Él estaba convencido de que no había ninguno otro tan entregado como él. ¡Esta actitud realmente nos impacta! Veamos el "testimonio" de Elías mientras se lamía sus heridas:

> He sentido un vivo celo por Jehová Dios de los ejércitos; porque los hijos de Israel han dejado tu pacto, han derribado tus altares, y han matado a espada a tus profetas; y sólo yo he quedado, y me buscan para quitarme la vida (v. 14).

Dios le interrumpió sin titubeos su arranque de autocompasión, y le informó que había otros siete mil, como Elías, que no habían doblado su rodilla ante Baal. Le sirvió de algo al solitario y fatigado profeta, cuando se dio cuenta de que el porcentaje de los impíos en el ministerio era en realidad bastante leve. A nosotros nos servirá el tener presente eso mismo, cuando algunos de nuestros héroes del ministerio fracasan y caen. Tal vez unos cuantos sean culpables de pecados burdos, pero la mayoría no han ni llegado cerca de doblar su rodilla ante Baal. Recuerde eso mientras continúa esforzándose.

Tercera, *la imperfección humana incluye a los ministros.* Eso ya lo he mencionado antes, pero parece lo suficientemente significativo como para repetirlo y ampliarlo.

Cuando Dios llama individuos a su viña, sólo llama a pecadores. Ni siquiera una persona podría asegurar que es perfecta. Cada cual es inadecuado en sí mismo, débil y descarriado por naturaleza, y podría posar para un retrato pintado con la letra del famoso himno que dice: "propenso a descarriarme . . . propenso a abandonar al Dios que amo".[40]

¿Duda usted de eso? Un rápido repaso de algunos personajes bíblicos le resultará útil. Pedro, el portavoz de los doce, negó a su Señor abiertamente y sin titubeos sólo unas horas después de prometer que iba a permanecerle fiel aunque todos los demás lo abandonaran. Juan Marcos abandonó a Pablo y Bernabé en su primer viaje misionero, en un momento crucial en que necesitaban toda la ayuda que pudieran conseguir. Demas, "por amor a este mundo", dejó a Pablo y huyó a Tesalónica. Diótrefes, un dirigente de la iglesia primitiva, se convirtió en un autodesignado "cacique de la iglesia."

La lista quedaría incompleta si la limitáramos sólo a personajes del Nuevo Testamento. Jonás, el profeta malhumorado, después que por fin predicó en Nínive, dio muestras de prejuicio, enojo y egoísmo. Giezi, el siervo de Eliseo, no podía esconder su materialismo ni su codicia. La aventura adúltera de David, que lo llevó a asesinar y a fingir, es de todos conocida. Isaías admitió ser "hombre inmundo de labios". Aarón provocó la fabricación de un becerro de oro para que los hebreos lo adoraran. Sansón fue conocido como un mujeriego.

¿Y quién puede entender cabalmente a Salomón? Si alguna vez un hombre tuvo la oportunidad de ganarse el máximo puntaje espiritualmente, fue Salomón. Pero en el cenit de su carrera, cuando su fama y su fortuna eran punto de conversación internacional, cuando su influencia era suficientemente significativa como para ejercer impacto sobre vastos reinos más allá del suyo, algo se rompió. Pocos han descrito mejor que G. Frederick Owen la carnalidad de Salomón:

> La sabiduría, la lealtad, la fidelidad y la eficiencia caracterizaron las actitudes y acciones del brillante hijo de David durante los primeros años de su reinado. Entonces, como si hubiera alcanzado el dominio del hombre y de Dios, dejó de seguir al seguimiento del Señor y, asiendo con egoísmo las riendas del mal, se encaminó hacia los nebulosos llanos de la licencio-

216 La esposa de Cristo

sidad, el orgullo y el paganismo.

Enloquecido con la fascinación del espectáculo, Salomón se lanzó a una febril carrera de derroche, incongruencia y opresión. No satisfecho con los edificios necesarios y el progreso legítimo de sus años anteriores, sobrecargó a su pueblo con tributos, esclavizó a algunos, e instigó con crueldad el asesinato de otros . . .

Su amor por muchas mujeres lo condujo a casarse con numerosas esposas extranjeras y paganas y a consentirlas, y ellas no sólo le quitaron su excelencia de carácter, su humildad de espíritu y su eficiencia en los asuntos de estado, sino que lo dominaron y desviaron su corazón para que se fuera "detrás de otros dioses . . ."

Salomón, como muchos otros monarcas absolutos, conducía demasiado rápido y viajaba demasiado lejos .

. . . El monarca se volvió libertino y afeminado; se hizo egoísta y cínico, tan saciado de los asuntos sensuales y materiales de la vida, que se volvió escéptico respecto a todo bien: para él, todo llegó a ser "vanidad y aflicción de espíritu".[41]

Nadie es inmune a la imperfección; ninguno de los personajes bíblicos y no bíblicos que he mencionado, ni tampoco usted ni yo. Si les pudo pasar a ellos, nos puede pasar a nosotros.

Creo que será de mucha utilidad tener siempre presente estas tres verdades:

- La Biblia nos advierte que esas cosas van a suceder.
- El porcentaje de los que caen es relativamente bajo.
- La pecaminosidad y la imperfección caracterizan a todos, incluso a los ministros.

Una norma inalterada para los que ejercen el ministerio

¿Significa eso que debemos bajar la norma para el ministerio? De ninguna manera. Que tome nota todo aquel que está pensando entrar al servicio cristiano vocacional: la vocación que usted está considerando es alta y santa. Las exigencias son demandantes. Las expectativas son casi irreales. Soy de la opinión de que ni siquiera el presidente de mi país ni la persona de más alto salario en la profesión más responsable de la tierra tiene mayor significación que los llamados al ministerio del evangelio. Fíjese bien antes de saltar. Piense intensa y detenidamente antes de matricularse en el seminario. Asegúrese de que su cónyuge le da un apoyo total. Si no, espere.

¡Si usted puede realizarse en cualquier otro trabajo, manténgase alejado del ministerio! Realice un estudio intenso de 1 Timoteo 3:1-7; 4:12-16; 2 Timoteo 4:1-5; Tito 1:5-9. Examine sus móviles. Ore. Piense con realismo. Y mientras lo hace, pase un momento reflexionando en Santiago 3:1, que dice:

> *Hermanos míos, no os hagáis maestros muchos de vosotros, sabiendo que recibiremos mayor condenación.*

Para percibir con mayor claridad esa advertencia, recurra a otras versiones y paráfrasis bíblicas para ver cómo la expresan.

¡Es hora de despertarnos, colegas ministros! Jóvenes y mayores por igual, la mayor parte de la responsabilidad de restaurar el respeto por el ministerio nos toca a nosotros. Eso no quiere decir que usted no tenga la libertad de ser usted mismo. Tampoco significa que nunca deba usted hacer algo inusitado o experimentar ideas creativas o "romper el molde" como ministro del evangelio. A mi juicio, necesitamos más ministros con pensamiento renovado y sin timidez, que tengan la valentía de dar ejemplo de la verdadera gracia de Dios, sin temer lo que otros puedan decir o pensar.

Sin embargo, en lo que estoy diciendo no estoy insinuando lo de "pecar para que abunde la gracia". Estamos llamados a llevar a cabo nuestras tareas bajo la mirada penetrante, omnipresente y santa de Dios. Nadie más que nosotros está frente a un análisis más estricto ni frente a un Juez más exigente. ¡Necesitamos temer menos a los hombres y temer más a Dios! Quienquiera que ingrese al seminario, apenas lo haga, debe aceptar esa realidad. Mi preocupación, para ser franco, es que algunos jóvenes que entran al seminario piensen que están en libertad de suavizar su norma moral porque unos cuantos que lo han hecho están de nuevo en el ministerio sin que haya daños aparentes.

Mientras que muchos de nosotros estamos esforzándonos por

ser nosotros mismos y por combatir el legalismo, asegurémonos de no racionalizar la desobediencia llamándola libertad. Como lo expresa Santiago en el versículo citado, nosotros "seremos juzgados con más severidad" (VP).

Formas de evitar la duda y la devastación

Quiero concluir este capítulo con una nota positiva, sugiriendo algunas formas prácticas de evitar el ser devastado por aquellos que estaban en el ministerio y que han caído. Voy a darle a usted algo a que rechazar, algo que recordar, algo que soltar, y algo en lo cual volver a centrarse.

En primer lugar, *niéguese a endiosar a cualquier persona que esté en el ministerio.* Muchas personas cometen el error de permitir que la admiración se convierta en exaltación. ¡Es una mala decisión! No me importa cuán dotado o capaz sea un ministro, ni cuánto haya significado para usted; pero si usted exalta a esa persona más allá de los límites apropiados, usted caerá más profundo que nadie si *él* cae. ¡Mantenga a todos los ministros alejados del pedestal! Los tronos son para los reyes y las reinas. La adoración es para el Dios vivo. Los pedestales son para floreros y macetas, y para estatuas esculpidas de hombres y mujeres que ya han muerto. No entronice a su pastor . . . ni, desde luego, a ningún otro ministro.

¿Significa eso que no lo respete? En absoluto. ¿Significa eso que no aprecie usted los dones que él tiene o que no admire sus talentos? De ninguna manera. El respeto por cualquier cargo designado por Dios es sano. Sin él, la iglesia no avanzará. El respeto no sólo es noble y necesario, sino que es bíblico. Yo creo que las personas que se someten a un liderazgo piadoso y aprecian los dones de quienes están en el ministerio, son personas maduras y que saben discernir. Usted será sabio si reconoce la mano de Dios en la vida de cualquier ministro bien dotado, si emula su ejemplo, si aprende de su instrucción. Sin embargo, durante todo el tiempo en que usted esté aprendiendo, siguiendo y respetando, debe tener presente que él es un ser humano como usted. Hágame caso, es terriblemente incómodo ser tratado como un rey. (Debiera añadir que tampoco es agradable ser tratado como un inútil.)

En tiempos del Nuevo Testamento hubo personas que trataron

de endiosar a Pablo y Bernabé. En Hechos 14:8-18 se narra una historia muy buena. Lo que la gente dijo era: "¡Zeus y Hermes han bajado del cielo! ¡Miren los milagros que pueden hacer estos hombres!" Los dos misioneros se rasgaron sus túnicas y le rogaron a la gente que se retirara. "Nosotros somos hombres de la misma naturaleza que ustedes." Bernabé y Pablo rehusaron ser adorados por ellos. "No somos más que seres humanos. ¡No nos idolatren! ¡No se arrodillen!"

Algunos versículos después, aunque usted no lo crea, dice que "apedrearon a Pablo" (14:19). Más temprano habían adorado al líder; ahora lo golpean y lo dan por muerto. Cuando leí eso, pensé: *Buen ejemplo del ministerio.* En un momento está uno a cuerpo de rey, y un minuto después lo declaran proscrito. Por la mañana lo endiosan, y antes que anochezca lo apedrean. Ninguno de esos dos extremos es apropiado ni justo.

Ya que estoy con este tema, permítanme darles un consejo a los que están en el ministerio: *¡Manténganse alejados del pedestal!* No comiencen a sentirse cómodos ahí arriba. Continúen descendiendo. Si a usted le comienza a gustar estar ahí arriba, yo conozco una solución muy buena: tenga una larga conversación con su esposa. Si eso no lo humilla, hable con sus hijos adolescentes. Eso *nunca* falla cuando se trata de traer a la realidad a los altos y poderosos, en un abrir y cerrar de ojos.

En segundo lugar, *recuerde que la carne es débil y el adversario es fuerte.* La próxima vez que usted dude de eso, lea Lucas 22:31-32, donde Jesús le informa a Pedro:

> *Simón, Simón, he aquí Satanás os ha pedido para zarandearos como a trigo; pero yo he rogado por ti, que tu fe no falte; y tú, una vez vuelto, confirma a tus hermanos.*

Esas palabras casi me hacen estremecerme. Es otra forma de decir: "Simón, el adversario anda detrás de ti. Vas a caer. Pero cuando caigas, usa eso como ejemplo para fortalecer a tus hermanos." Pedro era el que acababa de decir: "Aunque todos te abandonen, yo nunca te abandonaré. Aunque todos los demás se aparten, yo nunca te dejaré, Señor."

Para todos los que estamos en el ministerio, repito el recordatorio: nuestra carne es débil, y nuestro adversario es verdadero. No existe hoy un solo ministro eficaz y dotado que no sea blanco del diablo y sus demonios. Ni tampoço existe un solo ministro lo suficientemente fuerte en sí mismo como para hacer frente a las trampas del adversario. Se necesita oración. Una oración que prevalezca. También se necesita poder rendir cuentas, ser capaz de someterse a la enseñanza, ser franco. ¿Por qué? Por lo sutil que es el enemigo. Es que nadie hace planes deliberados para fracasar en el ministerio. Ningún ministro se ha sentado jamás al lado de su cama una mañana para decir: "A ver, ¿qué puedo hacer hoy para arruinar mi ministerio?" Pero con la debilidad de la carne, mezclada con la fuerza y realidad del adversario, el fracaso es una posibilidad que siempre está presente. Que el que cree estar de pie, repito, se cuide . . .

En tercer lugar, *deje todo juicio en las manos de Dios*. Tal vez una mejor palabra sea condenación. Deje toda condenación en manos de Dios. Deje que sea él quien se encargue de toda venganza. No es su responsabilidad ni la mía el poner en su lugar a cada persona. Hay personas que tienen un "ministerio de escribir cartas críticas". Mejor podría llamarse "ministerio de venganza". Escogen a diversos individuos a quienes quieren atacar, y luego golpean pluma en mano (y siempre firman diciendo: "Con amor cristiano"). Pero el propósito de lo que escriben es difamar a los ministros. No pierda su tiempo lanzando proyectiles hacia el territorio de otro hermano o hermana. Deje toda venganza en manos de Dios . . . Él es muy bueno para juzgar, como sabemos. Fue Dios el que dio inicio al capítulo en la vida de esa otra persona. Él es capaz de poner fin al capítulo cuando mejor le parezca. Usted no es una pieza necesaria para completarlo. Ni yo tampoco. Sería muy fácil desarrollar una actitud condenatoria y de juicio en esta época de maldad. ¡No lo hagamos!

Por último, *reoriente su atención hacia los ministerios que siguen acertando*. No importa cuántos ministerios parezcan estar descaminados espiritualmente, en realidad son muy pocos. Concentre su tiempo, su atención y su dinero en aquellos que Dios está usando. Y a propósito, no trate de que todos los otros ministerios sean iguales al suyo. Este es un buen momento para que yo les diga a todos los miembros de las iglesias locales: dejen que su ministro sea quien es: que sea real. ¡Déjenlo tranquilo! Denle la holgura que *ustedes* quieren para ustedes mismos. Denle el mismo espacio que la gracia de Dios les concede a ustedes. No lo metan a la fuerza en algún molde tradicionalista, exigiéndole que él tenga lo que tenía su pastor anterior en 1831. Tampoco espere que él tenga lo que ha leído en alguna biografía famosa. Créame: si en aquel tiempo ustedes hubieran conocido mejor a aquel gran personaje de esa biografía, habrían encontrado en él o en ella algo que no les habría gustado. El respeto por los que ejercen el ministerio es una cosa. El tratar de hacer que todos los ministros sean iguales y suenen iguales y que lo complazcan a usted en todo sentido no sólo es poco sabio, sino que es imposible. ¡Por favor, dennos un respiro!

Cuando de ministerios se trata, busque aquellos que encajan en los conceptos de la Biblia. Busque ministros que sean modelos de autenticidad. Deje de mirar a los que han fracasado, y redirija su atención hacia aquellos que siguen acertando . . . pero (repito) ¡no trate de meterlos a la fuerza en su molde privado!

Seamos sinceros, ¿eh? Todos los escándalos conectados con el ministerio, ¿han logrado que usted se ponga en contra de la Biblia y se enfríe con respecto a Dios? ¿Ha comenzado usted a sospechar de todas las iglesias, ha comenzado a mirar a todos los ministros por encima de sus anteojos? Tengo un consejo muy directo: ¡no sea usted tan criticón! Es fácil volverse cínico, en una época en que sólo las malas noticias aparecen a grandes titulares. Antes que pase mucho tiempo, comenzamos a juzgar a todos los que ejercen el ministerio. La reacción común es: "Pues sí, ahí está otro hipócrita que es ministro." Si uno fuera verdaderamente sincero, tal vez hasta tendría que admitir: "Por eso ya no tengo interés alguno en Jesucristo."

Si eso es cierto, permítame informarle que usted está rechazando al Único perfecto que ha existido. No importa a quién se sienta usted tentado a rechazar, ¡no rechace a Cristo, el Señor! Él es absolutamente el *Único* que es totalmente perfecto . . . el *Único* que puede garantizarle a usted una morada en el cielo. Él es el *Único* que puede perdonarle sus pecados. Él es el *Único* que puede ver su vida por dentro y separar los móviles de las acciones. Él es el *Único* cuya muerte pagó la deuda por sus pecados. Es mi privilegio, como lo ha sido por treinta años maravillosos y llenos de aventura, el decirle a usted que, si quiere tener vida eterna con Dios, Él es el *Único* que puede lograr que esto suceda. Entréguele su vida a él ahora mismo. No retenga nada. Acepte hoy mismo, por la fe, el don que él le ofrece. Responda ahora mismo a la eterna llamada que él hace para que despertemos. Le aseguro que nunca lo lamentará. Nunca.

Padre, gracias por la fortaleza que me has dado para escribir este libro. No ha sido fácil. He transmitido palabras que convencen de pecado. El estar en medio de una crisis de integridad es cosa dura para nosotros. Parece que son muy pocos los modelos auténticos de personas que se asemejen a Cristo. Y aun así, Señor, hay cientos, y hasta miles, que te aman y que caminan contigo. Haz que redirijamos nuestra atención hacia aquellos ministerios que están cumpliendo con su cometido. Quítanos esos esfuerzos agotadores que acompañan a una actitud suspicaz y a un espíritu que se niega a perdonar. Ayúdanos a vivir con la tensión de no ser capaces de enderezar todos los desvíos ni de responder a todas las contradicciones. Haz que recordemos la importancia de poner más atención a cómo debemos nosotros conducir nuestra propia vida, que a dejarnos consumir con la forma en que otros están conduciendo la suya.

Por último, amado Dios, ¡despiértanos! Danos valentía para volver a los fundamentos, en vez de desperdiciar nuestro tiempo en cosas no esenciales que son de poca importancia. Y puesto que nuestros tiempos son tan llenos de maldad, capacítanos para que hagamos una diferencia. Úsanos para restaurar el respeto por el ministerio del evangelio. Que lleguemos al final de este siglo con fortaleza.

Te lo pedimos en el nombre sin igual de Jesucristo.

Amén.

Y ahora . . . ¿qué?

1. Si usted tiene mucho contacto con no cristianos (¡o incluso con cristianos!) o lo tiene de modo regular, es probable que en el curso del próximo mes o algo así escuche media docena de comentarios críticos y cínicos acerca del ministerio. ¿Cómo va a reaccionar? ¿Mordiéndose los labios . . . encogiéndose de hombros . . . o meneando pasivamente la cabeza? ¿Cuáles de las verdades del capítulo que acaba de leer podrían ayudarle a formular una respuesta firme pero no defensiva contra las calumnias injustas que se dicen acerca del ministerio cristiano?

2. Como lo mencioné, todas las semanas de mi vida me ejercito para recordar que soy tan capaz de caer en el pecado y de acarrear la desgracia al ministerio, como aquellos cuyos nombres aparecen en las noticias. No me atrevo a dejar pasar una semana pensando: "¡A mí no podría sucederme!" Usted tampoco. ¿Qué pasos prácticos va a dar usted para recordar esa realidad cada semana (o cada día)?

3. En vez de lanzarle un proyectil escrito a ese hombre o mujer que está luchando bajo la carga de un ministerio muy público, ¿por qué no redactar un párrafo de aliento? (Cerciórese de que no se trate de un individuo que padece del corazón, porque el impacto podría ser fatal.) Que ese pastor suyo, que lleva tanto peso, se entere de que usted reconoce, comprende y aprecia profundamente el hecho de que él soporte las dificultades en un llamado que a veces causa sufrimientos pero que trae tantas recompensas.

CONCLUSIÓN

A lo largo de este libro, mi inquietud ha sido que no entremos al siglo veintiuno sin rumbo y a la deriva, cruzando los dedos con la esperanza de que las cosas se resuelvan de algún modo. Eso sería casi tan útil como acomodar las sillas de la cubierta del Titanic. Hay una enorme tarea que realizar, hay oportunidades únicas que aprovechar . . . y el tiempo vuela.

No he tratado de abordar en estas páginas las cuestiones sociales, las filosofías económicas, ni las formas de gobierno eclesiástico. Son abundantes los libros sobre todos esos temas. Mi interés se ha dirigido más a la médula de las cosas: nuestro propósito primordial como creyentes, nuestros objetivos principales como iglesia de Cristo, nuestro estilo de ministerio, nuestra necesidad de integridad. He sugerido cómo podríamos evitar perder el camino en el laberinto de presión y persecución, o apagar nuestra pasión en la ciénaga de la riqueza y la indiferencia.

No es ésta la única época en la historia en que los cristianos han necesitado una llamada para despertarse. Tal vez a usted se le haya olvidado cuándo ocurrió eso por primera vez: le recuerdo que ocurrió nada menos que al final del siglo primero. En los capítulos segundo y tercero del libro del Apocalipsis aparecen retratos a pluma de siete iglesias locales. Cada una de esas iglesias se parecía mucho una vez a lo que es hoy su iglesia o la mía: un faro de esperanza, un lugar donde la gente se congregaba y adoraba y compartía su vida. Si bien estaban ubicadas en un continente diferente del nuestro y hablaban otro idioma, esas personas estuvieron una vez llenas de sueños, de visión, de anhelos. Cada iglesia tenía sus rasgos particulares, sus líderes puestos por Dios, sus propias oportunidades, luchas y desafíos. Allí se levantaban . . .

fuertes ciudadelas donde se enseñaba la verdad y donde las vidas se transformaban.

Trágicamente, a cada una de esas iglesias le sucedió algo diferente que silenció su testimonio. Así como ocurre con la erosión, el deslizamiento fue sutil y lento, pero todas llegaron a la misma situación final. Cada una de ellas se convirtió en un cascarón donde los vientos silbaban al soplar a través de templos vacíos. La fuerte voz del predicador se fue desvaneciendo hasta callar. La participación entusiasta de la gente fue disminuyendo hasta detenerse.

La iglesia de Éfeso, famosa por su ortodoxia, perdió su calidez y finalmente su amor por el Salvador.

La poderosa iglesia de Pérgamo comenzó a tolerar enseñanzas erróneas, y finalmente se plagó de rasgos que la asemejaban a una secta, y se enfermó de burdas inmoralidades.

La iglesia de Sardis, tan viva, tan activa, tan fervorosa, comenzó a vivir en el pasado. Llegó al punto en que la grey de Sardis se centraba sólo en "como éramos antes". Sardis se convirtió en un aparatoso monumento eclesiástico . . . nada más que una morgue con campanario.

La rica y famosa iglesia de Laodicea atraía a grandes multitudes, sin duda, porque nunca ofendía a nadie. Tenían todo lo que los hacía creer: "no necesitamos nada"; pero resultaban ser un pueblo "miserable, pobre, ciego y desnudo". Su estilo tibio le revolvió el estómago al Señor . . . y ellos también desaparecieron del panorama.

En medio de esa desoladora crónica de esos siete estudios de tragedia, un ángel con las manos en la boca como formando una bocina, exclama:

¡SÉ VIGILANTE, Y AFIRMA LAS OTRAS COSAS QUE ESTÁN PARA MORIR! (Apocalipsis 3:2).

Pero ¡ay! ninguna de ellas oyó la alarma angélica. Una y otra vez el Señor las estremeció para despertarlas. Al final de cada uno de los siete comentarios aparece la misma advertencia. Siete veces distintas leemos las mismas palabras.

El que tiene oído, oiga lo que el Espíritu dice a las iglesias (Apocalipsis 2:7, 11, 17, 29; 3:6, 13 y 22).

Dios tenía una razón especial para repetirse. Era para despertar no sólo a esas iglesias sino a todas las iglesias y a todos los creyentes en los siglos que habían de seguir. Todavía está haciendo sonar la misma alarma chillante.

Rrring . . . *rrring* . . . "El que tiene oído . . . "

Rrring . . . *rrring* . . . "¡Despiértate, y fortalece lo que queda!"

Una vez tras otra, a lo largo de los siglos, resuena la llamada: ¡Despiértate! ¡Despiértate! ¡DESPIÉRTATE!

La pregunta no es: ¿Ha hecho Dios sonar la alarma? Sino más bien: ¿La hemos oído? ¿Ha hecho alguna diferencia?

Bill Hybels, fundador y pastor de la Iglesia Comunitaria de Willow Creek, escribe así:

> Dios puede hacer cosas asombrosas por medio de su pueblo. Dijo que iba a edificar su iglesia y que las puertas del infierno no prevalecerían contra ella. Las puertas son defensivas. Nosotros, su pueblo, debemos estar a la ofensiva. Así que busquemos primero su reino. No nos enredemos. No nos dejemos asfixiar. No perdamos nuestro primer amor por el Señor. No llevemos una vida tibia.[42]

Sí, Dios puede hacer cosas asombrosas por medio de su pueblo. Pero eso no sucederá sino hasta que nosotros, que tenemos oídos para oír, respondamos a su llamada para despertarnos.

¡Despiértate del sueño, amigo mío!

NOTAS

Capítulo 1

1. Gregory Stock, *The Book of Questions* (Nueva York: Workman Publishing Co., 1987), pp. 12, 15, 27, 43, 50. Reproducido con permiso de Workman Publishing, Co. Todos los derechos reservados.
2. *Ibíd.*, pp. 55, 98.
3. "Westminster Shorter Catechism" ("Catecismo Breve de Westminster"), en *The Book of Confessions of the Presbyterian Church, USA* (Nueva York: Oficina de la Asamblea General, 1983), p. 7.007-.010.
4. Andrae Crouch, "My Tribute", (c) Lexicon Music, Inc., 1971. Todos los derechos reservados.
5. Richard H. Bube, *To Every Man an Answer: A Textbook of Christian Doctrine* (Chicago: Moody Press, 1955), p. 391.
6. De *Lee, An Abridgment*, por Richard Harwell, de la obra en cuatro tomos *R. E. Lee*, por Douglas Southall Freeman. Copyright © 1961, Sucesión de Douglas Southall Freeman. Reproducido por autorización de Charles Scribner's Sons, marca registrada de Macmillan Publishing Company.
7. Anne Tyler, *Morgan's Passing* (Nueva York: Alfred A. Knopf, 1980), citado en *Working the Angles*, Eugene H. Peterson (Grand Rapids, Michigan: William B. Eerdmans Publishing Company, 1987), pp. 5-6.

Capítulo 2

8. David Wiersbe y Warren W. Wiersbe, *Making Sense of the*

Ministry (Grand Rapids, Michigan: Baker Book House, 1983), pp. 31-46.

9. *Ibíd.*, p. 43.

Capítulo 3

10. Robert R. Shank, "Winning Over Uncertainty: Unraveling the Entanglements of Life", en *Straight Talk* (Living to Win Series) (Tustin, California: Priority Living, Inc., 1987).
11. Marion Jacobsen, *Saints and Snobs* (Wheaton, Illinois: Tyndale House Publishers, 1972), p. 67. Usado con autorización.
12. Fuente desconocida.

Capítulo 4

13. Walter Oetting, *The Church of the Catacombs*, ed. revisada (St. Louis, Missouri: Concordia Publishing House, 1964, 1970), p. 25.14.
14. Lyle Schaller, ilustrado por Edward Lee Tucker, *Looking in the Mirror* (Nashville, Tennessee: Abingdon Press, 1984), pp. 28-30.
15. John R. W. Stott, *The Preacher's Portrait* (Grand Rapids, Michigan: William B. Eerdmans Publishing Co., 1961), pp. 28-29.
16. *Ibíd.*, p. 30.
17. Congreso de los Estados Unidos, alocución de Carl Sandburg ante la sesión conjunta del Congreso, 86° Congreso, 1ª sesión, 12 de febrero de 1959. *Congressional Record*, vol. 105, parte 2, pp. 2265-2266.

Capítulo 6

18. Carlos Dickens, *Historia de dos ciudades* [1859], libro I, capítulo I.
19. Denis Waitley, *Seeds of Greatness* (Old Tappan, Nueva Jersey: Fleming H. Revell Company, 1983), pp. 167-168. Usado con autorización.
20. Carlos Wesley, "A Charge to Keep Have I" [1782].

Capítulo 7

21. James Russel Lowell, "Once to Every Man and Nation", en

Familiar Quotations, ed. John Bartlett, 15ª ed. (Boston - Toronto: Little, Brown and Company, Inc., 1980), p. 567.

22. John R. W. Stott, *The Message of Second Timothy* (Downers Grove, Illinois: InterVarsity Press, 1973), p. 91.

Capítulo 8

23. Comentario inédito por G. Raymond Carlson durante una entrevista con la revista *Leadership*, 20 de enero de 1988.

24. Charles Haddon Spurgeon, citado en Richard Ellsworth Day, *The Shadow of the Broad Brim* (Filadelfia: The Judson Press, 1934), p. 131.

25. Carl Sandburg, *Abraham Lincoln, The War Years*, vol. 4 (Nueva York: Harcourt, Brace & Company, Inc., 1939), p. 185.

26. William Blake, "The Everlasting Gospel", en *The Poetry and Prose of William Blake*, ed. David V. Erdman (Garden City, Nueva York: Doubleday & Company, Inc., Copyright por David V. Erdman y Harold Sloan, 1965), p. 512, 1.100-104.

Capítulo 9

27. "An Unholy War in the TV Pulpits", en *U.S. News and World Report*, 6 de abril de 1987, p. 58.

28. *John Bartlett's Familiar Quotations*, ed. Emily Morison Beck, ediciones de los aniversarios 15 y 125 (Boston: Little Brown and Company, 1855, 1980), p. 79.

29. Ted W. Engstrom, con Robert C. Larson, *Integrity* (Waco, Texas: Word Books Publisher, 1987), p. 10.

30. John Gardner, *Excellence* (Nueva York: Harper and Row, 1971), citado en Tim Hansel, *When I Relax I Feel Guilty* (Elgin, Illinois: David C. Cook Publishing Co., 1979), p. 145.

31. Martin E. Marty, "Truth: Character in Context", en *Los Angeles Times*, 20 de diciembre de 1987, sección 5, p. 1, col. 1.

32. Usado con autorización de la autora.

33. Extractos de una carta de Charles R. Swindoll a un amigo.

34. Charles Haddon Spurgeon, *Lectures to My Students* (Grand Rapids, Michigan: Zondervan Publishing House, 1954, 1958, 1960, 1962), pp. 13-14.

35. A. W. Tozer, *God Tells the Man Who Cares* (Harrisburg, Pensilvania: Christian Publications, Inc., 1970), pp. 76-79.
36. Charles R. Swindoll, *Dropping Your Guard* (Waco, Texas: Word Incorporated, 1983), pp. 168-185; *Living Above the Level of Mediocrity* (Waco, Texas: Word Incorporated, 1987), pp. 123-143.
37. Josiah Gilbert Holland, "God, Give Us Men!", citado en *The Best Loved Poems of the American People*, selección de Hazel Felleman (Garden City, Nueva York: Garden City Books, 1936), p. 132.

Capítulo 10

38. Warren W. Wiersbe, *The Integrity Crisis* (Nashville, Tennessee: Oliver-Nelson Books, división de Thomas Nelson Publishers, 1988), pp. 16-17. Usado con autorización.
39. Chuck Colson, "Reflections on a Book Tour: It's Cold Out There", sección Another Point of View, en *Jubilee*, febrero 1988, pp. 7, 8. Usado con autorización de Prison Fellowship Ministries.
40. Robert Robinson, "Come, Thou Font of Every Blessing" [1758].
41. G. Frederick Owen, *Abraham to the Middle-East Crisis* (Grand Rapids, Michigan: William B. Eerdmans Publishing Company, 1939, 1957), pp. 56-57.

Conclusión

42. Bill Hybels, *Seven Wonders of the Spiritual World* (Dallas, Texas: Word Incorporated, 1988), pp. 150-151.

Nos agradaría recibir noticias suyas.
Por favor, envíe sus comentarios sobre este libro
a la dirección que aparece a continuación.
Muchas gracias.

Editorial Vida
7500 NW 25 Street, Suite 239
Miami, Florida 33122

Vidapub.sales@zondervan.com
http://www.editorialvida.com